Der leuchtende Augenblick

Umschlag vorn: Jörn Bohlmann, fotografiert von Michaela Weber,
www.graffoto-weber.de

Die Deutsche Nationalbibliothek verzeichnet diese Publikation
in der Deutschen Nationalbibliografie; detaillierte Daten sind im Internet
über https://portal.d-nb.de/ abrufbar.

© 2013 Hentrich & Hentrich Verlag Berlin
Inh. Dr. Nora Pester
Wilhelmstraße 118, 10963 Berlin
info@hentrichhentrich.de
http://www.hentrichhentrich.de

Satz: Barbara Nicol
Druck: Winterwork, Borsdorf

1. Auflage 2013
Alle Rechte vorbehalten.
Printed in Germany
ISBN 978-3-95565-025-4

Gernot Wolfram

Der leuchtende Augenblick

Über Menschen und Orte des Lesens

Essay

Inhalt

Lesende

Sein Leben lang
liebte ers, beim
Licht einer Lampe zu lesen
und oft
strich er mit seiner Hand
über die Flamme hin,
um sich zu vergewissern,
dass er lebte,
lebte...

Jules Supervielle

So wird die Straße durch die Gehenden in einen Raum verwandelt.
Ebenso ist die Lektüre ein Raum, der durch den praktischen
Umgang mit einem Ort entsteht, den ein
Zeichensystem – etwas Geschriebenes – bildet.

Michel de Certeau

Das Lesen ist zum Erstaunen der Kulturkritik immer noch ein zentraler Schlüssel zur Kultur. In dem vorliegenden Essay soll es daher um das Verhältnis zwischen Lesern, Orten und den Momenten des Lesens gehen. Dabei stehen nicht die großen Begriffe *Wissen* und *Bildung* im Vordergrund, sondern die Augenblicke, in denen das Gelesene eine unabweisbare Wirkung an bestimmten Orten entfaltet.

Der leuchtende Augenblick

In einem Hinterhof in der Berliner Brunnenstraße befindet sich eine kleine Privatsynagoge aus dem frühen 20. Jahrhundert, eingeklemmt zwischen heruntergekommenen Mietshäusern und einigen, den kargen Lichtverhältnissen des Hofes trotzenden Bäumen.

Das Haus ähnelt einem maurischen Badehaus mit seinen bullaugenartigen Fenstern, seinem flachen Dach und seiner ehrwürdigen Verschwiegenheit. Das Gebäude ist ein Fremdling im Viertel. Es passt in keiner Weise zu den anderen Mietshäusern und den preußisch geschnittenen Straßenzügen ringsum.

Einst beherbergte das Haus die kleine jüdische Gemeinde Beth Zion, ein Versammlungsort und ein Lehrhaus für Juden aus Osteuropa. Jetzt befindet sich darin eine moderne Jeschiwa, eine orthodoxe Thoraschule. Das Gebäude ist für Unbefugte nicht mehr zu betreten. Tag und Nacht stehen Polizisten davor. Es ist, stadttopographisch gesehen, ein versiegelter Ort. Gleichzeitig bleibt es durch seine Geschichte weithin geöffnet. Es gehört zu den ruhmlosen, symbolischen Stätten des Lesens, zu jenen stillen Kammern geistigen Lebens, die nicht durch berühmte Lehrer oder Veröffentlichungen von Bedeutung sind, sondern durch ihre Kraft, Orte zu sein, an denen das Lesen eine eigene Technik und Kraft entwickelt hat.

Ich habe dieses Haus nie mit den Augen eines religiösen Menschen betrachtet, sondern von Anfang an mit dem Blick des kulturellen Phänomene-Sammlers. Für mich gehörte es, seit ich es sah, sofort zu den Stätten, die zu den zentralen Werkstätten geistigen Lebens zählen: Bibliotheken, Archive, Museen, Versammlungsorte, Gesprächsräume, Lehrhäuser. Es gibt freilich viele solcher Häuser. Für jeden Einzelnen existieren solche Orte, die ihn an die besondere Macht des Lesens und Denkens erinnern, sofern man ihr Vorhandensein ins Bewusstsein drängen lässt.

Kultur ist nicht denkbar ohne solche Räume, die als Labore und Dunkelkammern dienen, als Hüllen für das schwer fassbare Gewebe geistiger Prägungen. Jene Privatsynagoge ist für mich aber aus noch einem Grund etwas Bemerkenswertes. Sie ist in meiner Wahrnehmung mit einem Foto verbunden, das die Verbindung zwischen Ort und Leseerfahrung wie in einem Brennglas verdeutlicht.

Ich fand vor einigen Jahren in den Archiven lokaler Geschichtsforscher eine alte Fotografie, von der allerdings nicht klar war, ob sie wirklich in der Synagoge in der Brunnenstraße aufgenommen worden war, obgleich es eine schriftliche Zuordnung gab. Was war darauf zu sehen? Ein langer Tisch in einem sauber ausgeleuchteten Raum; lauter junge Männer in weißen Hemden und schwarzen Hosen sitzen entlang der Längsseiten. Einige haben den Kopf auf die Hände gestützt, die Gesichter entspannt und offen, ein mattes Nachmittagslicht im Rücken. Aufmerksam, geduldig und versunken in den Akt des Lesens sitzen sie vor ihren Büchern. Ohne dass sichtbar wurde, was sie lasen, faszinierte mich die Atmosphäre des Bildes. Das Lesen erschien darauf als eine Form des gedanklichen Lebens, die sich deutlich unterschied von den mir bekannten Begriffen Lernen, Studieren, Sich-Bilden. Hier standen augenscheinlich nicht der Zweck und das Ziel des Lesens im Vordergrund, sondern der Zustand, der Augenblick, in dem sich das Lesen vollzieht. Es machte den Eindruck, als ob das Wissenwollen in den Gesichtern dieser jungen Männer verschwunden war zugunsten einer Augenblickintensität, einer einfachen und zugleich überwältigenden Zufriedenheit, mit den gelesenen Worten genau an diesem

Ort zusammen sein zu können. Nicht sammeln, aufhäufen, sondern aufnehmen, lesen, wirken lassen…

Nach jüdischer Tradition ist der wiederholte, ständig erneuerte Kontakt zu den Buchstaben weitaus bedeutsamer als das Aufsammeln von Wissen. Solange man liest, ist man mit der Energie der Wörter und Buchstaben verbunden. Erst im Moment des Wiederlesens öffnet sich auch der Zugang zu den Quellen der Geschichte, zu den Toren der Erinnerung und des eigenen Verbundenseins mit der Welt der Wörter und der Dinge. Wenn wir lesen, so scheint es, betreten wir eine besondere Zone von Gegenwart. Was die Augen im Augen-Blick finden, ist von Bedeutung, nicht, was sie ins Gedächtnis weiterleiten. Das Lesen bindet für eine kurze Spanne Zeit an die Kraft der Buchstaben. Dafür braucht es geeignete Orte.

Der verschwundene Nachmittag der jungen Männer in dem Gebäude, das offensichtlich die Berliner Privatsynagoge Beth-Zion war, erinnert mich immer wieder daran, dass der Aufenthaltsort der eigenen Leseerlebnisse womöglich bedeutsamer ist, als man sich manchmal selbst eingestehen will.

Der Zugang zum Verständnis des Begriffes Kultur ist häufig mit dem Problem verbunden, dass etwas vermittelt wird, ohne dass die Räume, in denen das Vermittelte seine Bedeutung entfaltet, gezeigt werden können. Der Ausstellungscharakter von Wissen, der scheinbar leichte Zugriff auf die Phänomene der Kultur, hat hier einige seiner Untiefen zu bewältigen. So wie die Kacheln eines Hauses in einem Museum nur wenig von dem längst verschwundenen Haus erzählen, aber vieles von unserem Wunsch, es wenigstens in einigen Fragmenten zu retten.

Als ich als Autor begann, in Hochschulen und Universitäten Kulturwissenschaften zu unterrichten (wobei dies der offizielle Terminus ist, der mich nicht überzeugt, denn Kultur, so scheint mir, lässt sich nicht unterrichten, es lassen sich lediglich Bilder erzählen, in denen etwas von dem aufscheint, was man aus ehrgeiziger Hilflosigkeit Kultur nennt), war ich mit der Aufgabe konfrontiert, aus der Fülle der möglichen Zugänge zu dem Begriff Kultur eine Auswahl zu treffen, die zwangsläufig zu schwierigen Einschränkungen führte. Literatur, Theater, Tanz, Film, die Phänomene der Alltagskultur, der Einfluss der Religionen, der Politik, der Wissenschaften, die sich ständig wandelnden Positionen der Kulturwissenschaften, die stetige Entgrenzung des Begriffes in immer neue Disziplinen hinein (etwa in die Biologie und Chemie) – all diese Aspekte sollten berücksichtigt werden. Dazu kommt, dass die Studierenden mich bis heute fragen: Wie viel muss man denn gelesen haben, um ein Verständnis für den Begriff Kultur entwickeln zu können?

Manche Lehrenden beantworten diese Fragen mit Literaturlisten (meist in großem Umfang). Ich habe schnell gemerkt, dass dies eher zu Frustration führt. Wenn das Lesen zur *Aneignungspflicht* wird – gerade im Feld der Kultur –, verliert es seinen Schlüsselcharakter. Eine genaue Kenntnis von Standpunkten, Methoden und Zugängen ist wichtig. Regelmäßig Inventur zu halten, ist unabdingbar für jede Kunst und jede Wissenschaft. Für das Ziel des Erkenntnisgewinns, vor allem bei Studierenden, kann es jedoch auch kontraproduktiv sein – wenn der *große Überblick* im Mittelpunkt der Bemühungen steht.

Peter Burke hat das sehr schön in seinem kleinen Büchlein mit dem Titel „Was ist Kulturgeschichte?"[1] gezeigt, ein Kompendium von Standpunkten, die Lust darauf machen, sich neu in die reiche Literatur der Kulturgeschichte zu vertiefen. Burke versucht, einen Leseweg aufzuzeichnen, der die Fülle kulturgeschichtlicher Positionen verdeutlicht. So beeindruckend der Pfad ist, so unbefriedigend ist er am Ende, da die beschriebenen Werke vor allem deutlich auf Leerstellen verweisen. Auf jeder Seite bleiben die Bücher präsent, die er nicht genannt hat, die aus dem Raster fallen müssen, was zu einem Gefühl der Enttäuschung führt. Und schlechterdings unmöglich ist es, gar die Fülle der Umgebungen zu verdeutlichen, in denen kulturelle Produktionen entstanden sind. Daher scheint es mir wichtig zu sein, immer wieder auch auf Einzelaspekte der Kulturgeschichte einzugehen, auf ihre Herzzentren, zu denen, zumindest in der westlichen Welt, die Geschichte des Lesens als ein Navigationsinstrument durch Kultur gehört.

Hier kann man studieren, dass gerade literarische Werke eine andere Geschichte über die Welt erzählen, in der wir leben, auch über die andere Art der Erkenntnis, die sich durch künstlerische Weltzugänge ergibt. Hier lässt sich auch verstehen, dass der Leser immer ein Einzelgänger ist, ein Exot mit sonderbaren Bildern im Kopf, die eine Schar harmloser Buchstaben durch eine verborgene Kraft auszulösen versteht.

Der tschechische Schriftsteller Milan Kundera hat in seinem Buch „Die Kunst des Romans" zu Recht darauf hingewiesen, dass nicht nur die Geschichte der Philosophie und der Kunstgeschichte den Kulturbegriff (bzw. die Kulturbegriffe) der Neuzeit geprägt haben, sondern auch die Geschichte des Romans und der Literatur. Sie wählt jedoch einen anderen Zugang zur Kultur, einen, in dem sich in der Gestaltung von Geschichten und Einzelschicksalen das kulturelle Bewusstsein vieler Generationen widerspiegelt. „Seit Beginn der Neuzeit ist der Roman dem Menschen ein ständiger, treuer Begleiter. Die *Leidenschaft des Erkennt-*

nisstrebens (die Husserl zufolge das eigentliche Wesen der europäischen Geistigkeit ausmacht) hat sich des Romans bemächtigt, damit er das konkrete Leben des Menschen erforscht und vor der ‚Seinsvergessenheit' schützt; damit die ‚Lebenswelt' immer wieder ins Licht rückt."[2]

Die Literatur und das Lesen sind jene Bereiche der Kulturbildung, in denen sich das Assoziative, Irrationale und Einmalige der menschlichen Erfahrung auf besondere Weise entfalten können. Die Lebenswelt, die hier gemeint ist, umschließt nicht nur das eigene Leben, sondern auch die sinnliche Erfahrung, wie sich die Räume um uns verändern, wie wir uns in ihnen verändern.

Aus der europäischen Landschaft ist seit den ersten großen Romanen der Neuzeit eine vollkommen andere geworden. „Bei Balzac, ein halbes Jahrhundert nach Diderot, ist der weite Horizont wie eine Landschaft hinter den modernen Gebäuden sozialer Institutionen – der Polizei, der Justiz, der Finanz- und Verbrecherwelt, der Armee, dem Staat – verschwunden. Balzacs Zeit kennt Cervantes' und Diderots glückliche Muße nicht mehr. Sie ist in den Zug eingestiegen, den man Geschichte nennt. (…) Noch später, bei Emma Bovary, verengt sich der Horizont in einem Maße, dass er wie eine Umzäunung wirkt. (…) In der Langweile der Alltäglichkeit gewinnen Träume und Träumereien an Bedeutung. Die verlorene Unendlichkeit der Außenwelt wird durch die Unendlichkeit der Seele ersetzt."[3]

Und zieht man den Kreis nochmal enger, dann lohnt es sich, auf das persönliche Verhältnis zwischen dem Leser (mit seiner begrenzten Lebenszeit), seiner Aufnahmefähigkeit und der unendlichen Fülle des Lesenswerten und Lesensnotwendigen im jeweiligen *Jetzt* zu blicken: Die Augen auf den sehr privaten, daher wenig wissenschaftstauglichen Raum zu lenken, in dem wir uns bewusst werden, an welchen Orten und unter welchen Bedingungen wir unsere eigenen geistigen Entdeckungen und Wegfindungen erleben. Und auf die Kraft der Buchstaben, uns im *Jetzt* zu halten, ziellos zunächst, ohne Absichten und Ansprüche.

Daher möchte der vorliegende Essay einen Schritt beiseite gehen: nicht um die großen Fragen der Literaturgeschichte soll es gehen, nicht um Ein- und Überblicke, sondern um einen möglicherweise abseitigen, vielleicht aber auch sehr zentralen Aspekt kulturellen Lebens: um den Raum, in dem sich das Lesen vollzieht, den wechselnden Aufenthaltsort, den unruhigen Verlauf der Strecken, die wir mit Büchern gemeinsam zurücklegen, mit literarischen wie mit wissenschaftlichen. Und um die Augenblicke, in denen dieses Verhältnis sichtbar wird. Wenn es gelingt, soll der Leser entführt werden in einen der ruhigen Räume, wie er auf dem Foto aus der Jeschiwa in der Brunnenstraße zu sehen ist: in einen Raum, in dem für Momente zwischen Buchstaben und Menschen eine besondere Biographie entstehen kann.

Alberto Manguel hat in seinem großartigen Buch „Eine Geschichte des Lesens"[4] von den unzähligen Orten des Lesens erzählt, die in der Kulturgeschichte Ruhm und Bedeutung erlangt haben. Vom Bild des jungen, lässig in einer Schriftrolle lesenden Aristoteles, wie ihn Charles Degeorge gesehen hat, über die farbenfrohen Zeichnungen enthusiastischer Islamschüler, die in einer Medresse den Koran studieren, bis zum Gemälde des Streits Jesu mit den im Tempel über ihre Lehrtexte gebeugten jüdischen Schriftgelehrten aus der Schongauer Schule.

Er erzählt von Synagogen, Tempelhäusern, Zelten, Bibliotheken, Waldhainen und verschwiegenen Leseplät-

Eingang zur Jüdischen Lesehalle in Berlin, um 1905

zen selbstgewählter Einsamkeit. Die Orte des Lesens werden zu Symbolen für den inneren Raum des Lesers, in dem sich die Zeichen versammeln und im Bewusstsein des Einzelnen zu jenem Palast der selbstgeschaffenen Bilder werden, der das Lesen so faszinierend macht.

Detailkundig und ausführlich erzählt Manguel die Geschichte von Lesern, die, ganz gleich ob sie auf eine Papyrusrolle blicken oder auf industriell gefertigte Buchseiten, angeschlossen sind an einem Strom von Assoziationen, mit denen sie sich in der Welt zurechtfinden können. Bei Manguel erscheint das Lesen als der große kulturbildende Prozess, der Zeiten und Epochen miteinander verbindet.

Im 21. Jahrhundert wirkt diese Beschwörung fast wie ein Traum, dem man gern noch einmal glauben möchte, obgleich die Realitäten eher darauf hinweisen, dass das

Lesen sich langsam auflöst in einem Meer von vielen anderen Möglichkeiten der Informations- und Identitätsgewinnung. Das Lesen im Zeitalter des digitalen Rauschs verändert seine Umgebung, wird zu einem flüchtigen Erlebnis, das gleichzeitig in seiner Flüchtigkeit neue Horizonte eröffnet.

Daher soll es im vorliegenden Essay nicht um eine Geschichte des Lesens gehen, sondern um eine Geschichte der Flüchtigkeit, des Augenblicks, in dem zwischen Leser, Aufenthaltsort und Gelesenem eine besondere Beziehung entsteht. Der kurzen Erregung, wenn uns eine Formulierung trifft, irgendwo im „Stimmengewirr, das aus der Weltmuschel dringt" (Albrecht Goes), wenn ein Text sich öffnet, weil er dem Leser in einer besonderen Situation, an einem hervorgehobenen oder ganz gewöhnlichen Ort begegnet, soll die Aufmerksamkeit gelten. „Denn das Verlangen zu lesen ist wie alle anderen Sehnsüchte, die unsere unglückliche Seele aufwühlen, der Analyse fähig", hatte Virginia Woolf geschrieben. Diese „Analyse" soll im vorliegenden Fall den Orten und Bedingungen gelten, die uns Texte auf eine andere, jedesmal neue Art und Weise erschließen helfen.

Ich denke bis heute, wenn ich an der Privatsynagoge Beth Zion in Berlin vorübergehe, an das Bild der lesenden Jungen auf der Fotografie. An das besondere Verhältnis zwischen dem Lesen und den Orten, an denen jemand liest. An das unscharfe, schwimmende Gelände des Denkens und Phantasierens. (Phantasieren verstanden als „Erwärmung des Vorhandenen", wie es bei Ludwig Hohl heißt.)

Der vorliegende Essay wird nicht dazu beitragen, etwas an dieser Unschärfe zu ändern. Womöglich verstärkt er sie sogar noch. Er ist vielmehr dafür gedacht, demjenigen, der sich auf die Suche nach der Anziehungskraft des Begriffes

Kultur macht, einen Blickwinkel zu eröffnen, der die individuelle Leseerfahrung als starkes und vertrauenswürdiges Reisegepäck des eigenen Interesses in den Mittelpunkt stellt.

In der RheinRuhe

Der Junge im Wald

In einer alten jüdischen Geschichte wird von einem Jungen erzählt, der wie ein Verrückter durch einen Wald rennt. Plötzlich wird er von einem älteren Mann angehalten, der nach dem Jungen greift und sagt: „Was machst du denn, Junge? Warum läufst du wie ein Irrer durch den Wald?" Der Junge sieht ihn verdutzt an und sagt: „Ich suche Gott." Der Mann lacht: „Dafür musst du nicht herumrennen. Ist denn Gott nicht überall derselbe?" – „Ja," antwortet der Junge, „aber ich bin nicht überall derselbe."

In gewisser Weise ähnelt jeder Leser dem Jungen aus dieser Geschichte.

Je nachdem, wo er sich befindet, wird er einen anderen Eindruck haben von dem Text, den er liest. Und auch er selbst verwandelt sich dabei mit, findet neue und andere Assoziationen zum Gelesenen, trägt Erfahrungen ein, die mit dem Ort und der Situation zu tun haben, die ihn umgeben.

Auch wenn sich das Schriftbild nicht verändert, ändert sich die Bedeutung der Zeichen, die wir wahrnehmen, innerhalb der Räume, in denen wir lesen. Das mag zunächst keine große Bedeutung besitzen. Denn unabhängig vom Ort kommt es natürlich zuallererst auf die Fähigkeit an, einen Text zu verstehen, ihn in seiner historischen und kulturellen Besonderheit einordnen zu können. Diese Fähigkeiten sind zweifellos nicht an den Ort gebunden; komplizierter aber wird es, wenn man auf die Umstände blickt, wann und wo Menschen Texte lesen, was sie dabei umgibt und wie sie darauf reagieren.

Der deutsche Schriftsteller Ernst Jünger rühmte sich auf zweifelhafte Weise, während des Ersten Weltkrieges in den Schützengräben in aller Ruhe in den Palasträumen des Romans „Gargantua" von Rabelais umher spaziert zu sein und darin seine Seelenruhe gefunden zu haben, während um ihn herum seine Kameraden im Kugelhagel starben. Der tschechische Dichter und spätere Präsident Vaclav Havel las im Gefängnis Franz Werfels Roman „Die vierzig Tage des Musa Dagh" und zog aus der Beschreibung des mutigen armenischen Widerstands gegen die übermächtigen türkischen Belagerer Kraft für seine eigene Situation. Der Historiker Emanuel Ringelblum vertiefte sich in der

*Lesende Frau,
auf dem Mauer-
vorsprung einer
Ruine sitzend*

Hölle des Warschauer Ghettos in alte jüdische Geschichtsbücher, um aus ihnen geistige Orientierung für sein geheimes Oyneg-Schabes-Archiv zu finden (es wird später noch ausführlicher von ihm die Rede sein). Der Dichter Paul Celan hatte kurz vor seinem Selbstmord in Paris in seiner Wohnung in einem Buch über den Dichter Friedrich Hölderlin den Satz unterstrichen: „Manchmal wird dieser Genius dunkel und versinkt in den bitteren Brunnen seines Herzens."[5]

Die vibrierende Verbindung zwischen Ort, Lebenssituation und Text durchzieht die geheime, nicht zu schreibende Geschichte unzähliger Leserbiographien, ohne dass sie immer ausreichend ins Bewusstsein dringen würde.

Bücher, die auf der Flucht, im Gefängnis, im Krankenhaus, im Basislager eines Bergsteigercamps, im Flugzeug, in Betten und Badewannen, im Auto, in Zügen, am Strand oder in einer öffentlichen Bibliothek gelesen werden, stehen in einer augenblicklichen Verbindung mit diesem Umfeld.

Der Leser sucht instinktiv den ständigen Aufenthaltswechsel, was sein Erscheinen an den verschiedensten Orten gesellschaftlichen Lebens beweist.

Mit dem Wachsen digitaler Zugänge zum Lesen erhöht sich das Ausmaß der Bewegung von Lesern. Der digitale Text flammt von Werbetafeln ebenso auf wie vom Bildschirm der Mobiltelefone; selbst in der Dunkelheit von U-Bahnschächten blitzen Texte und Bilder auf, die gelesen werden wollen, die sich aufdrängen und das Lesen in Fahrt halten.

Die klassische Vorstellung vom kontemplativen Lesen, wie es aus der mönchischen Tradition des Mittelalters bis hin zur biedermeierlichen Beschaulichkeit im 19. Jahrhundert die Vorstellung intensiver Lektüren geprägt hat, verschwindet immer mehr und wird ersetzt durch ein nomadisches Lesen, in dem der Zugang zu Texten sich massiv verändert. Der Aufenthaltsort verflüssigt sich; die Wahrnehmung von Geschichten, Bildern und Informationen unterliegt den Gesetzen einer neuen Raumwahrnehmung, wie es Paul Virilio eindrücklich beschrieben hat. Entfernungen schmelzen ein oder verschwinden gänzlich aus unserem Bewusstsein. (Wo ist das Meer der alten Seefahrer während eines Atlantikfluges geblieben? Wo das Bewusstsein für Strecken zwischen Metropolen? In welchem Tempo rasen heute Umgebungen scheinbar unbemerkt an unseren lesenden Augen vorbei?) Diese Erfahrungen des schnellen Unterwegsseins hinterlassen Spuren in unserem Leseverständnis. Der Leser ist unterwegs, er ist kein Gefangener mehr der großen Entfernungen. Das Gelesene, das er in diesen Geschwindigkeiten wahrnimmt, stellt neu die Frage nach den Orten seiner Lektüre.

Wer je einmal in einem Vorzimmer einer Arztpraxis Menschen beim Lesen beobachtet hat, kann allein an ihrer Haltung, an der Art und Weise, wie sie die Seiten umblättern oder über das Display ihrer E-books streichen, einen Eindruck davon gewinnen, welche unterschiedlichen Funktionen das Gelesene in diesem Moment, an diesem Ort für jeden Einzelnen von ihnen gerade hat. Der Blick in den Waggon einer U-Bahn oder in die großen Hallen einer öffentlichen Bibliothek offenbart nur scheinbar dasselbe: über ein Buch oder elektronische Geräte gebeugte Menschen. Dahinter verbirgt sich fraglos eine breite Landschaft vollkommen unterschiedlicher Wechselwirkungen zwischen Ort und Leser.

Der Ort des Lesens ist der Wald aus der jüdischen Geschichte – und er ist durchzogen von der Unruhe des Lesers, der in der Tat rastlos in Bewegung ist, um gemeinsam mit den Texten, die ihn gerade beschäftigen, jeweils ein anderer zu sein, wo immer er auch gerade liest.

Mag es auch etwas verwunderlich erscheinen, dass der veränderte Umgang mit klassischen Medien wie dem Buch oftmals zu einer radikalen Skepsis gegenüber der Zukunft des Mediums, aber auch gegenüber der Zukunft der Literatur an sich führt, ist doch sichtbar, dass sich hier ein tiefer Einschnitt vollzieht, der besonders in neuen Generationen von Lesern ein selbstverständlicheres Verhältnis zur Unruhe des eigenen Lesens hervorbringt. Hier hilft es zunächst, den Spuren einiger Denker, Wissenschaftler und Künstler zu folgen, die sich mit dem Verhältnis von Orten und Lesern intensiv beschäftigt haben. Ihre Sichtweise auf das Lesen und die Kraft der lesenden Unruhe ermöglichen den Blick in die schwimmende Zukunft.

Aby Warburg oder die Bibliothek als Lebensort

Lesesaal der Kulturwissenschaftlichen Bibliothek Warburg in Hamburg, ca. 1926

Der Kulturhistoriker Aby Warburg (1866–1929) war ein süchtiger Leser, ein Büchermensch, der in Büchern, und vor allem in ihrer Anordnung in seiner außergewöhnlichen Hamburger Bibliothek, eine Spiegelung des eigenen Denkens sah. Auf alten Fotografien kann man das Oval im Inneren des Hauses sehen, den Hauptraum der Bibliothek, eine moderne Tempelvariante mit Licht und Weite, ein Labor des Denkens, in dem Warburg dem Lesen eine neue Energie verleihen wollte. Zugleich revolutionierte er den Blick auf klassische Kunstwerke.

Er tat das nicht nur in seinem Spezialgebiet der Antike und Renaissance, sondern in einem umfassenderen Sinn, da er nach dem Zusammenhang zwischen Symbolen, Träumen, Ängsten und Bildgestaltungen fragte. Dabei scheute er sich nicht, noch im nebensächlichsten Detail von Renaissancegemälden nach Antworten zu suchen. Warburg durchbrach die Schranken der Einzeldisziplinen, bezog psychologische, soziale, ökonomische und politische Sichtweisen in seine Forschungsansätze mit ein. Das durch die Zeiten navigierende Lesen war dabei für ihn ein entscheidendes Instrument, um seinen Ideen Kraft zu verleihen.

Es ist häufig beschrieben worden, wie plötzlich, unerwartet und sprunghaft Aby Warburg die Bücher in seiner berühmten Kulturwissenschaftlichen Bibliothek Warburg in Hamburg neu aufstellte und gruppierte. „Jeder Fortschritt in Warburgs geistigem System, jeder neue Gedanke zum Zusammenhang von Fakten veranlasste ihn, die einschlägigen Bücher neu zu ordnen (…) Warburg hörte nie auf, sie (die Büchersammlung, *Anm. des Autors*) umzuformen, damit sie seine Vorstellung von der Geschichte der Menschen so gut wie möglich ausdrückte."[6], wie sein Mitarbeiter Saxl schrieb.

Hier lässt sich anmerken, dass sich Warburg auch selbst mit diesen neuen Anordnungen veränderte, dass er seine Bibliothek als einen „Seismographen" empfand, als „seelischen Ort", der auch seine eigenen inneren Veränderungen und Denkprozesse abbildete und daher beständig im Wandel sein musste.

Immer wieder schrieb man dem scheuen, im Umgang mit Menschen vorsichtigen Denker zu, er sei so etwas wie der „Vater der Kulturwissenschaften", ein Begriff freilich, der mehr verwirrt als erhellt. Warburg, der lange Zeit nur in Kunsthistorikerkreisen wahrgenommen wurde, erlangte große Aufmerksamkeit im Zeitalter des interdisziplinären Denkens, eben weil er an Kunstwerke, besonders an jene der Antike und der Renaissance, Fragen stellte, die nach den verborgenen Netzwerken und Verflechtungen der Kunstwerke im kulturellen Gedächtnis der Menschheit suchten. Dabei gelang ihm eine erstaunliche Verbindung von Mythischem und Profanem, eine Art zu denken, die er selbst mit dem Wort „Schwingungsweite" bezeichnete.

Warburg begeisterte sich für die scheinbar unnützen Details der Geschichte von Kunstwerken. Er konnte sich mit ähnlicher Leidenschaft für die Historie von Theatervorhängen, Münzprägungen und dem Zahlungsverkehr zwischen dem Maler und dem Auftraggeber eines Bildes in der Epoche der Medici interessieren wie für die Frage, warum bestimmte „Pathosformeln", lebendige menschliche Erfahrungen und ästhetische Energien tragende Gesten in antiken Darstellungen, plötzlich wieder wie aus einem untergründigen Strom hochtauchen und ihre Energie präsentieren, eben weil sie keine bloßen Kopien oder nachgeahmten Bewegungen sind. Ein Frau auf einem Renaissancegemälde, in einer Ecke stehend, die in ihrer Armhaltung einen längst vergessenen Ausdruck einer antiken Göttin wiederholt, die Hand, die einen Vorhang zur Seite schiebt, ein Windstoß, der durch die Haare fährt...nach diesen Details suchte der lesende und beobachtende Blick des viel umherreisenden Wissenschaftlers.

Dabei waren für Warburg Bücher immer auch Zeugen für jenen „Denkraum der Besonnenheit", den er als unabdingbar erachtete, um sich der Wucht des Irrationalen entgegenzustemmen, auch der Wucht jener inneren dämonischen und unkontrollierbaren Bilder, die ihn selbst quälten.

Geboren als ältester Sohn einer angesehenen jüdischen Bankiersfamilie in Hamburg, hatte er bereits mit dreizehn Jahren seinem Bruder Max sein Erstgeborenrecht abgetreten unter der Bedingung, dass ihm der Bruder in der Folge jedes Buch kaufen müsse, das er gern haben wolle. In den Vorschlag wurde eingewilligt, ohne dass der Bruder ahnte, welcher Idee er da zustimmte. Max Warburg schrieb später: „Ich sagte mir, dass schließlich Schiller, Goethe, Lessing, vielleicht auch noch Klopstock von mir, wenn ich im Geschäft wäre, doch immer bezahlt werden könnten, und gab ihm ahnungslos diesen, wie ich heute zugeben muss, sehr großen Blankokredit."[7]

Das führte dazu, dass Aby Warburg 1903 die Idee entwickelte, „in Hamburg eine kulturhistorische Station zu errichten", eine Bibliothek, die aber nicht nur eine Sammlung von Büchern sein sollte, geordnet nach spezifischen Themengebieten. Seine Bibliothek sollte vielmehr ein vitaler Ort sein, an dem das Verhältnis zwischen Leser und Buch vollkommen neue Beziehungen und somit Denkstrukturen aufbauen konnte. Warburg wurde rasch klar, dass für dieses Konzept ein eigenes Gebäude errichtet werden musste, das bereits in seiner Architektur diese neuen Gedankenansätze aufnahm.

1926 wurde schließlich in Hamburg die Kulturwissenschaftliche Bibliothek Warburg eröffnet, ausgestattet mit modernster Technik, etwa einer Telefonanlage, die 28 Apparate im gesamten Haus umfasste, einer Rohrpostanlage, einer Buchbinderei und fotografischen Abteilung. Warburg begriff diese Bibliothek als pulsierenden Lebensort, als eine Art Heizkraftwerk des Denkens und Forschens – und nicht als kontemplativen, erstarrten Ort kultureller Selbstvergewisserung.

Zu den Besonderheiten des Ortes gehörte vor allem, dass der Lesesaal der Warburgschen Bibliothek einen elliptischen Grundriss hatte. Sein Plan war es, einen lebendigen Ort zu schaffen, einen, der das Verhältnis von Leser und Buch ständig neu bestimmte. „Durch die quer liegende elliptische Form war es möglich, sowohl eine ‚Arena' zu schaffen mit Raum für Lesetische, als auch durch die aufsteigenden Sitzreihen auf der einen Längsseite der Empore Platz für das Publikum während Vorträgen. (...) Ein weiterer Vorteil der elliptischen Grundform war die der energetischen Wirkung: Durch die zwei Pole der Ellipse werden unterschiedliche Raumwirkungen erzielt: Die enge Rundung der Polkappen und die Weite der nur leicht geschwungenen Längsseiten. Dadurch erhält der Raum eine interne Spannung, welche ein kreisförmiger Raum nicht hätte (der Kreis als Ausdruck von Statik, Ruhe). Diese kommt den Arbeitenden zugute in Form einer Energie, die konzentrierte Aufmerksamkeit ermöglicht."[8]

Warburg reflektierte sehr genau die Kraft, die dem Lesen innewohnt, sofern das Dynamische, Bewegte, Schwankende im Verhältnis zwischen Leser, Text und (zeitlichem, topographischem und historischem) Raum angemessen berücksichtigt wird. Es verwundert daher nicht, dass sich im Kern seiner Überlegungen immer wieder Bewegungsmotive finden, etwa in Begriffen wie „Bewegtes Beiwerk" (Ausdrucksformen für wiederkehrende Haarmotive und Gewandfigurationen auf Gemälden, Skulpturen), „Bilderfahrzeug" (die Transportierbarkeit von Kunstwerken und damit verbunden ihr stiltransformierender Charakter), „Entschälen" (das Auffinden antiker Grundformen in Kunstwerken anderer Zeitepochen). Warburg begriff kulturelle Prozesse als etwas Fluides, Fließendes, die eine Entsprechung im Denken der Person haben, die sich mit ihnen beschäftigt. Die Bibliothek wurde somit selbst zu einem „Fahrzeug", einer Arche des Denkens und Forschens.

Aby Warburg sah in seinen Büchern nicht nur eine Quelle von geistigen Abenteuern, sondern erblickte in ihnen eine besondere Art von Organismus und Lebendigkeit. Das Verhältnis zwischen Leser und Anordnung der Bücher weist auf die außerordentliche Flexibilität von Warburgs Denken hin. Er blieb nicht bei einer erreichten Position stehen, sondern suchte immer nach neuen Konstellationen von Fragen und Antworten. Dabei verbargen sich hinter dieser Flexibilität auch Unruhe und Furcht vor den eigenen inneren Abgründen. Mehrfach in seinem Leben begab sich Warburg in psychiatrische Kliniken. Zeitweise stand sogar die Diagnose Schizophrenie im Raum, die zu seiner Zeit als unheilbar galt. Erst 1923 stellte Emil Kraepelin eine andere Diagnose: Manisch-depressiver Mischzustand. Warburg ließ während seiner Klinikaufenthalte die wissenschaftliche Arbeit fast ruhen. Umso wichtiger ist hier der Umstand, auf den seine Biographin Perdita Rösch hinweist, dass vermutlich der „konsequent durchgehaltene und schon viel früher einsetzende Versuch, Warburgs Aufmerksamkeit auf wissenschaftliche Themen zu lenken, und sei es auch immer nur für kurze Zeiteinheiten, eine sehr viel raschere Heilung gebracht"[9] hätte.

Der Umgang mit Büchern, seinen Forschungen und Untersuchungen, der Aufenthalt in seiner Bibliothek waren also nicht nur von wissenschaftlicher Bedeutung für Warburg, sondern hatten auch eine sehr persönliche Dimension: als Schutzraum gegen die ungebändigten Kräfte seiner eigenen Innenwelt dienten das Lesen und Forschen als eine Art Therapie, als Gegenmaßnahme, um wieder jenen „Denkraum der Besonnenheit" herzustellen, der gegen die Überwältigungen des Irrationalen und Dämonischen schützen sollte.

Warburg stellte in seiner Bibliothek eine der bedeutendsten kulturwissenschaftlichen Büchersammlungen zusammen. „Sortiert wurden die Bücher dabei nicht etwa alphabetisch oder nach sonstigen gängigen Ordnungssystemen, sondern inhaltlich-assoziativ nach dem *Gesetz der guten Nachbarschaft*. Es wurde zueinander sortiert, was sich zu einem Thema sinnvoll ergänzte. Denn, so die Erfahrung Warburgs, es war selten das Buch, das man schon kannte, das einem bei der Bearbeitung eines Problems weiterhalf, sondern oft das Buch daneben, das man allein vom Titel her gar nicht in Erwägung gezogen hätte. Für jedes neue Buch musste entsprechend der für es passende Ort gefunden werden, und es gab keine endgültige Ordnung der Bücher. Mit jeder neuen Erkenntnis, mit jedem Fortschritt im eigenen Denken, wurden die entsprechenden Bücher neu sortiert und umgruppiert."[10]

Das führte auch zu einem neuen Anordnungsprinzip, nämlich die Einteilung der Bücher nach Denkfeldern statt nach Autoren. Verteilt auf vier Geschosse konnte der Leser sich an vier Generalbegriffen orientieren:
1. *Bild* (Kunstgeschichte, Kunsttheorie),
2. *Orientierung* (Philosophie, Religionsgeschichte, Magie, Astrologie),

3. *Wort* (Sprache, Literatur, Linguistik) und
4. *Handeln* (Geschichte, Volkskunde, Soziologie, Alltagsgeschichte).[11]

Diese Einteilung ermöglichte es dem Leser, sich assoziativ treiben zu lassen, sich nicht in einer vorgegebenen Systematik zu verlieren, sondern durch einen Prozess der Vernetzung, der unerwarteten Bezüge und Anspielungen, zu neuen Erkenntnissen und Genüssen zu gelangen.

Warburg zeigte in seiner Bibliothek ein genaues Gespür für den Überraschungscharakter des Lesens, für seine Unmittelbarkeit, die, entgegen der bibliophilen und enzyklopädischen Systematiken der Aufklärungszeit, den Charakter der Schatzsuche betonte.

Auf dem Türsturz der inneren Eingangstür der Hamburger Bibliothek hatte Warburg den Namen der antiken Göttin „Mnemosyne" platziert. Ein Hinweis auf den spezifischen Charakter der Erinnerung und des Forschens, welchen Warburg an diesem Ort im Sinn hatte.

Die Göttin Mnemosyne, Tochter der Erdmutter Gaia und des Himmelsgottes Uranos, war in der Antike die Göttin der Erinnerung und des Gedächtnisses. Sie vertrat dabei eine besondere Form der Erinnerung. Nicht jene statische, andächtige, wie sie in konventionellen Bibliotheken gepflegt wird, wenn sich Leser still über Texte beugen. Warburgs „Mnemosyne" war eine Göttin der Bewegung, eine tanzende Gottheit, die zu immer neuen Aufbrüchen ins Geistige und Körperliche verführte.

Die Göttin Mnemosyne war auch die Mutter der Musen, jener tanzenden Frauen, die der griechische Dichter Hesiod im 8. Jahrhundert vor Christus leibhaftig am Berge Helikon vor sich zu sehen geglaubt hatte. Hesiod, ein Bauer und selbstbewusster Sänger (übrigens der erste, der in der europäischen Literaturgeschichte seinen eigenen

Namen nannte) war überzeugt, dass diese neun Frauen real existierten. In seiner „Theogonie" beschrieb er die Töchter der Erinnerungsgöttin so: „Lasst uns den Sang mit den Helikonischen Musen beginnen, die am großen, heiligen Berg Helikon wohnen und mit zarten Füßen um die veilchendunkle Quelle und den Altar des gewaltigen Kronossohnes tanzen."[12]

Hesiod betont ausdrücklich, dass ihm diese Frauen tanzend erschienen seien, neun weibliche Verkörperungen der verschiedenen Künste und der Astronomie (Urania).

Mnemosyne, wie sie in Warburgs Bibliothek erscheint, beinhaltet als Wächterin eines Gedächtnisraumes also immer auch die Figur des Tanzes, der Unruhe und der Bewegung.

Die Musen erschienen in antiker Vorstellung einmal in großer Nähe, dann wieder unendlich weit entfernt in der gewaltigen Landschaft. Sie zeigten bereits in einem frühen Stadium, dass im Verhältnis zur Kunst wenig Feststehendes auszumachen ist. Um den Musen zu folgen, musste sich auch der Beobachter bewegen. Hesiod spricht von ihren „glänzenden Tanzplätzen"[13], denen immer Sehnsucht innewohnt, und er beschreibt, wie „reizend der Takt ihrer Füße klang".[14] Ihr oszillierendes Spiel zwischen Trug und Wahrheit erscheint von Beginn an als der besondere Reiz ihrer nach Hesiods Auffassung göttlichen Erscheinung. So lässt er sie mehrdeutig zu ihm sprechen: „Vielen Trug verstehen wir zu sagen, als wäre es Wahrheit, doch können wir, wenn wir es wollen, auch Wahrheit verkünden."[15]

Genau um diese Wahrheitssuche, die zwischen Illusion, Irrationalität, Mythos und Geschichte kreiste, ging es auch Aby Warburg in seiner Bibliothek. Erst in der Bewegung ist Erkenntnis möglich. Das tänzerische Spiel der Wahrheit benötigt Orte, die dafür Platz schaffen. Und den Leser, der sich zu rühren und zu verwandeln beginnt.

Dass in der europäischen Geschichte nicht nur die Bibliotheken, sondern auch die Museen zu statischen Orten des kulturellen Gedächtnisses wurden, erschien Warburg sonderbar. Die Museen, in der Antike als Tempel der Musen verehrt, sind seit der Aufklärung Orte des Sammelns, der Ruhe und der aus dem allgemeinen Gedächtnis ausgelagerten Erinnerung. Sie wurden zu symbolischen Orten der Bewegungslosigkeit – ähnlich wie die Bibliotheken. Das hat freilich auch die Wahrnehmung unseres Kulturbegriffs geprägt. Für Warburgs Denken war es wichtig, diese Statik aufzubrechen, einen Ort zu schaffen, der das Forschen und Lesen in Bewegung hielt. Warburgs Denken kreiste um die bewegliche geistige Substanz künstlerischer Produkte. Was er als Bildwanderungen beschrieb, war auch Ausdruck der Veränderung, die Kunstwerke erfahren, wenn man sie im Zusammenhang einer größeren Bewegung sieht, eines Wandels der Orte und Zeiten, an denen Ideen und ästhetische Träume wieder auftauchen, hochsteigen wie aus einem verborgenen Strom. Diese Betrachtung lässt sich auch auf das Lesen übertragen. Sie ist in der Kulturwissenschaftlichen Bibliothek Warburg sinnlich greifbar geworden.

Walter Benjamin oder
das Medium der flüchtigen Briefe

Walter Benjamin Memorial, Portbou, Spanien

Der Kulturphilosoph Walter Benjamin (1892–1940) war ein leidenschaftlicher Bibliotheken- und Archivbesucher. In der Stille der großen Hallen oder kleiner Leseecken europäischer Bibliotheken füllte er bleistiftraschelnd seine Notizbücher, sammelte Zitate, fertigte Skizzen an, die zum Teil in sein groß angelegtes Passagen-Werk einmündeten. Zugleich misstraute er diesen symbolischen Orten des Wissens. Er notierte häufig seine Beobachtungen im Gehen, wechselte rasch seine Aufenthalts- und Lektüreorte.

Die Bibliothek als Ort der Selbstvergewisserung schien ein Relikt des 18. und 19. Jahrhunderts zu sein. Bücher waren für ihn, ähnlich wie für Warburg, keine statischen Gebilde, sondern Dinge, zu denen man erst ein Verhältnis schaffen musste, eine Beziehung, die sich ständig verwandelte, je nach Lebenszeit und Lebensort. Er war ein zweifelnder Leser, ein Skeptiker. Zugleich begriff er Bücher als Dinge, in denen sich der Geist des Benutztwerdens und Nutzens offenbarte:

„Aus den Dingen schwindet die Wärme. Die Gegenstände des täglichen Gebrauchs stoßen den Menschen sacht aber beharrlich von sich ab. In summa hat er täglich mit der Überwindung der geheimen Widerstände – und nicht etwa nur der offenen –, die sie ihm entgegensetzen, eine ungeheure Arbeit zu leisten. Ihre Kälte muss er mit der eigenen Wärme ausgleichen, um nicht an ihnen zu erstarren, und ihre Stacheln mit unendlicher Geschicklichkeit anfassen, um nicht an ihnen zu verbluten."[16]

Die Wärme, die den Dingen und erst recht Büchern ihre Kraft gab, Bezugspunkte des menschlichen Lebens zu sein, war für Benjamin im Prozess der modernen Zivilisation langsam verschwunden. Daher berührte auch sein Denken immer wieder die Frage, in welches Verhältnis sich der Leser zu Texten setzen muss, um nicht zu erstarren, um aus Büchern wieder die „Axt gegen das gefrorene Meer in uns" zu machen, wie Franz Kafka gehofft hatte.

Benjamin begriff sich im Raum der Kultur als ein Flaneur, als Leser, der die Erstarrung der Welt mit genussvoller Genauigkeit registrierte. „Ihn sprachen die versteinerten, erfrorenen oder obsoleten Bestandstücke der Kultur, alles an ihr, was der anheimelnden Lebendigkeit sich entäußerte, so an, wie den Sammler das Petrefakt oder die Pflanze im Herbarium. Kleine Glaskugeln, die eine Landschaft enthalten, auf die es schneit, wenn man sie schüttelt, zählten zu seinen Lieblingsutensilien", schrieb Theodor W. Adorno in seiner Charakteristik Walter Benjamins. Dazu gehörte ein ständiges Unterwegssein, ein Flanieren in städtischen wie in virtuellen Welten; selbst seine Skepsis gegenüber dem herrschenden ökonomischen System begegnete Benjamin in einem Satzfragment mit der nomadischen Idee: „Überwindung des Kapitalismus durch Wanderung...".

Zugleich war Benjamin davon überzeugt, dass man erst als Flaneur den Zusammenhang zwischen dem Beobachteten und dem Gedachten herstellen kann – manchmal nur einige Momente lang, in denen Erkenntnisse in Form einer ekstatischen Wahrheit möglich werden. Er liebte es, stundenlang durch Straßen zu gehen, etwa in Berlin und Paris, in die offenen, schachtartigen Hinterhöfe zu blicken, Menschen zu beobachten und das atmosphärische Treiben des lebendigen Alltags mit allen Sinnen zu registrieren.

Er las in den Straßen der europäischen Städte, und vor allem in den Straßen, Plätzen, Hinterhöfen seiner Heimatstadt Berlin, wie in einem Buch, das nicht nur Aufschlussreiches über die Vergangenheit, sondern auch über die Zukunft mitteilt. Dabei war dieses Lesen der Umgebung immer auch ein Lesen der eigenen Biographie, die sich in diesem Umfeld herausgebildet hatte: „Wie man aus der

Wohnung, wo einer haust, und aus dem Stadtviertel, das er bewohnt, sich ein Bild von seiner Natur und Wesensart macht (…) Denn wie es Pflanzen gibt, von denen man erzählt, dass sie die Kraft besitzen, in die Zukunft sehen zu lassen, so gibt es Orte, die die gleiche Gabe haben."[17]

Der jeweilige Aufenthaltsort prägte das Denken, die Wahrnehmung, die Gefühle des Flaneurs. Und zugleich seine Zukunft. Sie waren der eigentliche Text, den der Leser las, die surrealen, auseinander driftenden Schienen ins Kommende.

Benjamin folgte diesem Beobachtungsprinzip aber nicht nur in seinem philosophischen Denken, sondern auch in den einfachsten Alltagsverrichtungen. So empfahl er einmal, dass man in den Pariser Hotels den ersten Kaffee am Morgen nicht oben auf dem Zimmer einnehmen solle, sondern unten im Restaurant, wo sich der Rauch aus der Tasse in den großen Spiegeln des Raumes verflüchtige und man mit dem Duft des Kaffees etwas Flüchtiges, Verlorenes einatme, was manchmal sogar an den verlorenen Morgen des Lebens erinnere.

Dabei war der Flaneur nicht nur ein genießender Spaziergänger und Leser von Räumen. In ihm spiegelt sich auch etwas von der Unrast des Reisenden im 20. Jahrhundert, wie ihn der von Benjamin bewunderte Dichter Bertolt Brecht in einem berühmten Gedicht beschrieb:

Der Radwechsel

Ich sitze am Straßenhang.
Der Fahrer wechselt das Rad.
Ich bin nicht gern, wo ich herkomme.
Ich bin nicht gern, wo ich hinfahre.
Warum sehe ich den Radwechsel
mit Ungeduld?

Die Unruhe des Menschen in einer Zeit, die durch unzählige Neuerungen im Medien-, Reise- und Arbeitsverhalten geprägt wurde, brauchte auch neue Ausdrucksformen innerhalb geistiger Neuorientierungen. Benjamin war sich sicher, dass jene Hegelianische Tradition des Denkens, das nach dem Begriff sucht, etwas Wesentliches entbehrt: Die sinnliche Aneignung der Welt durch die ständige Bewegung, das Ausgeliefertsein an die Dinge und ihren offenbarten wie geheimen Charakter. Erst im Er-Lesen der Welt, im Hinsehen, Anschauen, Ergreifen der flüchtigen Manifestationen des Geistes, glaubte er, kann es zu einem Blick auf Haltungen kommen, die sich im Begriff schon bei der bloßen Nennung verflüchtigen.

Auch wenn vielen seiner Zeitgenossen, und erst recht uns Heutigen, diese poetische Sicht fremd erschien, ist sie ein Zugang zur Welt, der Mut erfordert. Und Mutiges lohnt immer wieder einer Neuentdeckung. (Zumal zwar in den letzten vierzig Jahren Benjamins Denken enthusiastisch wiederentdeckt wurde, aber nicht seine auf die Augenblickserfahrung und aufs beobachtende Gehen ausgerichtete Art zu schreiben. Studenten, die Hausarbeiten im Stile Benjamins einreichen würden, hätten wohl an einer deutschen Universität nicht viel Aussichten auf Erfolg. Wohl auch eine noch fortwirkende Folge des Faschismus in Deutschland: das Abbrechen einer anderen, wandernden Sprache des Denkens zugunsten einer starren Begriffsfixierung...)

Als Leser befragte Walter Benjamin Texte vor dem Hintergrund seiner eigenen Position in der Zeit, aber auch in der konkreten räumlichen Situation, in der er sich gerade befand. Seine Begeisterung für das 19. Jahrhundert rührte fraglos auch aus der Faszination für die schwindende Kultur dieses mächtigen Jahrhunderts, das er als Kind noch unmittelbar miterlebt hatte. „Ich hauste so wie ein Weichtier in der Muschel haust im neunzehnten Jahrhundert, das nun hohl wie eine leere Muschel vor mir liegt."[18]

Er las gegen das Verstreichen der Zeit und gegen das Verschwinden der Räume, wie es auch sein Biograph Jean-Michel Palmier festhielt: „Die Dinge vor ihrem Vergessen, die Werke vor ihrem Absterben, die Geschichte und die menschliche Erfahrung vor ihrer Verwüstung zu retten war der beständige Anspruch Benjamins."[19]

Dabei interessierte sich Walter Benjamin mit besonderer Leidenschaft für Briefe aus dem 18. und 19. Jahrhundert, als der Brief das zentrale Kommunikationsmittel zwischen Menschen darstellte. Der Brief war nicht nur irgendein Medium, sondern die bestimmende Ausdrucksform des kommunikativen Alltags dieses Zeitalters; er war Spiegel des flüchtig Hingeworfenen ebenso wie Raum der Reflektion über Grundfragen des privaten Lebens. Briefe wurden auch von denen gelesen, die sonst wenig Zeit für andere Texte, geschweige denn für Bücher hatten. Der Brief trug in sich schon den Geist der Bewegung; er ging auf Reisen, musste aufgegeben und rechtzeitig verschickt werden, er musste verschlungene Wege nehmen, ehe er sein Ziel erreichte und er konnte schnell veralten; der Briefeschreiber musste bedenken, wann und wo er eintreffen und wie aktuell die Nachricht dann noch sein würde.

Im Brief war der Leser, der Adressat, immer schon mitgedacht. Auch sein Wechsel der Aufenthaltsorte und Tageszeiten, sein Lebensort, an dem ihn der Brief erreichen würde sowie die Situation, in der geschrieben wurde, kam zur Mitteilung. „Es tut mir sehr leid, daß Sie meine Briefe abends bekommen. Das hält Sie vom Ausgehen, vom Theater zurück." – „Jetzt schläfst du schon, liebes

Bärbelchen, und träumst vielleicht von mir, schläfst du aber nicht, denkst du gewiss an mich. Ich soll dahin gebracht werden, um 11 Uhr abends Briefe zu schreiben"[20], hatte etwa der enthusiastische Briefeverfasser Ludwig Börne am 19. und 28. Februar 1828 aus Berlin an seine Freundin Jeannette Wohl in Frankfurt geschrieben.

Der Leser eines Briefes wird mit einer besonderen Zeitverzögerung konfrontiert, die im digitalen Zeitalter von heute nahezu verschwindet. Der Empfänger des Briefes muss sich immer auch plastisch den Ort vorstellen, an dem dieser geschrieben wurde (meist gehörte zur Briefkultur ja auch der Vermerk des Absendeortes auf dem Papier). Er muss sich das „Setting" zurückholen, an dem der Brief verfasst wurde, die Stimmung des Schreibenden. Erst dann kann er wirklich verstehen, was ihm der Brief mitteilen will.

Für Walter Benjamin war das Lesen von Briefen ein zentraler Bestandteil des Verständnisses jener Zeitepoche, in der er eine Form „deutschen Geistes" zu entdecken glaubte, die jenseits der brutalen Deutschtümelei der Nationalsozialisten stand. Zugleich war der Brief ein hervorragendes Beispiel für das flüchtige Lesen, eine Augenblickskommunikation, die vom Ort des Schreibenden wie des Lesenden abhängig war.

1936, bereits auf der Flucht vor den Nazis, veröffentlichte Walter Benjamin in der Schweiz unter dem Pseudonym Detlef Holz ein eigenwilliges Buch, eine Sammlung von Briefen, denen er den Namen „Deutsche Menschen" gab. Zuvor waren einige dieser Briefe und ihrer Kommentare bereits in der Frankfurter Zeitung publiziert worden.

Das Buch enthält 25 Briefe aus den hundert Jahren zwischen 1783 und 1883. Es funktioniert als eine Art Suche nach jenem „Dazwischen" der Sprache, in dem nicht das direkt Mitgeteilte, sondern das Versteckte, Untergründige, Nicht-Offenbare das geheime Zentrum der Mitteilung bilden. Vorangestellt stehen als Motto die Zeilen: „Von Ehre ohne Ruhm/ Von Größe ohne Glanz/ Von Würde ohne Sold."

Benjamin, der aus Deutschland Geflüchtete, versuchte in diesen Briefen Geisteshaltungen wiederzufinden, die schwer in Begriffe zu fassen sind. Es ging ihm um nichts weniger als um die Wahrnehmung einer ganzen bürgerlichen Epoche; zugleich legte er auch den Blick „auf das Ende dieser Epoche frei, da das Bürgertum nur noch die Positionen, nicht mehr den Geist bewahrte, in welchem es diese Positionen erobert hatte."[21]

Zudem ging es ihm um die Suche nach einer bestimmten Ethik, um Haltungen und Courageformen, die sich im Wie des Schreibens offenbarten. Er wählte diese Briefe mit der Erfahrung des Exilanten aus, der er selbst geworden war, ein Mensch, den die Geschichte von seinen kulturellen Wurzeln zu trennen versuchte. Er las als ein Abschiednehmender, der wusste, dass bestimmte geistige Traditionen seines Landes auf lange beschädigt, wenn nicht gar für immer verschwunden sein würden.

Wie sein berühmter, sich entfernender Engel der Geschichte blickte er mit melancholischem Staunen auf das Vergangene: „Es gibt ein Bild von Klee, das Angelus Novus heißt. Ein Engel ist darauf dargestellt, der aussieht, als wäre er im Begriff, sich von etwas zu entfernen, worauf er starrt. Seine Augen sind weit aufgerissen, sein Mund steht offen und seine Flügel sind ausgespannt. Der Engel der Geschichte muss so aussehen. Er hat das Antlitz der Vergangenheit zugewendet. Wo eine Kette von Begebenheiten vor uns erscheint, da sieht er eine einzige Katastrophe, die unablässig Trümmer auf Trümmer häuft und sie ihm vor die Füße schleudert. Er möchte wohl verweilen, die Toten wecken und das Zerschlagene zusammenfügen. Aber ein Sturm weht vom Paradiese her, der sich in seinen Flügeln verfangen hat und so stark ist, dass der Engel sie nicht mehr schließen kann. Dieser Sturm treibt ihn unaufhaltsam in die Zukunft, der er den Rücken kehrt, während der Trümmerhaufen vor ihm zum Himmel wächst."

Die Bewegung der Flucht in die Zukunft bestimmt auch das Erlebnis des Lesenden.

Die Briefe aus den „Deutschen Menschen" sind keine Beschwörungen des Verlorenen, sondern zeigen eine Entfernung an, die sich immer weiter ausdehnt. Das erspart ihnen auch den Vorwurf, dass sie zum Teil relativ bieder sind, meistens um Alltagsprobleme kreisen oder um einen intensiven Moment der Trauer. Ihre Wuchtigkeit erhalten sie erst aus dem Blickwinkel des Lesers, der sich von ihnen räumlich und geschichtlich entfernt. Der Lesende wird zum Verbündeten jener Idee, die Benjamin in dieses Buch hineinlegte: Er muss selbst die geschichtliche Geschwindigkeit erspüren, die ihn von den Briefen trennt. Diese Fähigkeit des Lesers ist eine aktive Haltung, eine Lektürefähigkeit, die Erfahrung und Empathie voraussetzt, auch einen genauen Sinn für die eigene Position des Lesers in Raum und Zeit. So hatte Theodor W. Adorno in seinem Nachwort zu den „Deutschen Menschen" empfohlen: „Das hintersinnige Buch erschließen hilft die Besinnung auf das, was Benjamin aussparte."

Bis hin zum Ort seines Selbstmordes in der grausamen Nacht vom 26. auf den 27. September 1940 im spanischen Grenzort Portbou blieb Benjamins Verhältnis zu Texten von der Erfahrung des Flüchtenden bestimmt. Gerade weil er bis zum Schluss ein Leser und ein Schreiber geblieben war, der Texten die Kraft zutraute, ein Aufenthaltsort für jene zu sein, die keine sicheren Aufenthaltsorte mehr hatten. In Benjamins Kulturverständnis spiegelt sich ein Bewusstsein für die Macht der erzwungenen körperlichen Bewegung und ihrer Kraft, die Wahrnehmung von Schrift bis zur Bedeutungslosigkeit abzuschleifen – oder eben die Erkenntnis ihres Wertes zu erhöhen. Der Flaneur und der Flüchtende sind zwei Verkörperungen ein- und derselben Geisteshaltung. Dem einen ist noch Zeit gegeben, sich umzusehen, zu betrachten, nachzudenken, dem anderen rennt die Zeit davon, umstellt ihn; ihm wird die Erinnerung zur Gegenwart; die Lektüre zum einzig verbliebenen Anker.

In der Erfahrung des Exils wird der innere geistige Besitz vollkommen fluide, droht sich aufzulösen und zu zerschmelzen, es sei denn, der Leser begreift diese Lage als neuen Ausgangspunkt seiner Lektüre. Für den Exilanten wird die Vielschichtigkeit des Lesens auf besondere Art und Weise greifbar: Nicht das Mitgeteilte, die *Nachricht*, bestimmt die Nähe zu den Buchstaben, sondern in einem viel stärkeren Maße jene Zwischenräume, jene „glühende Leerstelle" (Paul Celan) des Textes, in dem die eigene Biographie zu brennen beginnt.

Anders als der moderne digitale Nomade, der sein unruhiges Unterwegssein selbst wählt, ist der Benjaminianische Exilant ein Leser, der die Flucht und die Unruhe nicht romantisiert, nicht nach dieser Art Leben gesucht hat und sich ständig eine heilende Veränderung wünscht. Was er liest, wird ihm in Ermangelung anderer Unterstände zuweilen zur Heimat; was an realer Festigkeit fehlt, kann plötzlich eine Wendung, ein Satz, ein Wort oder eine Bruchstelle im Text erzeugen. Freilich – und das ist ein entscheidender Punkt – nur für den Augenblick.

Daher konnten die „Deutschen Menschen" Benjamins vielleicht auch nicht sehr tief in die kulturellen Debatten nach 1945 eingreifen. Zum einen war das Buch nahezu vergessen, zum anderen forderte es einen Blick ein, der in der deutschen Kultur nur selten zu finden ist: Bewusstsein für den Wert des Augenblicks, für jene Art der Erkenntnis, die sich nur für den Moment einstellt.

Überfliegt man die von Benjamin gesammelten Briefe flüchtig, geben sie nicht viel her. Blitzlichtaufnahmen von Freundschaftsverhältnissen, zurückhaltend formuliert; eher ruhig, in sich versonnen, eher Distanz wahrend als revolutionären Geist versprühend. So greift Benjamin beispielsweise einige Stellen aus einem Brief Goethes an Moritz Seebeck heraus, geschrieben 1832 in Goethes Todesjahr, um zu verdeutlichen, welche abschiednehmende Haltung sich in einigen nebensächlichen Formulierungen Goethes wiederfinden lässt. Hier zunächst ein Ausschnitt aus dem originalen Brief Goethes an Seebeck, der zudem einer der letzten Briefe war, die Goethe vor seinem Tod geschrieben hat:

„Wenn zwischen entfernten Freunden sich erst ein Schweigen einschleicht, sodann ein Verstummen erfolgt und daraus ohne Grund und Noth sich eine Mißstimmung erzeugt, so müssen wir darin leider eine Art von Unbehülflichkeit entdecken, die in wohlwollenden guten Charakteren sich hervorthun kann, und die wir, wie andere Fehler, zu überwinden und zu beseitigen mit Bewußtsein trachten sollten."

Benjamin greift in seinem Kommentar verschiedene Formulierungen des Briefes auf und benennt den besonderen Geist, den er in ihnen walten sieht: *„eine Art von Unbehilflichkeit'* – Der Schreiber wählt für das Verhalten des Greisen einen Ausdruck, welcher eher für das des Säuglings am Platze wäre, und dies, um ein Physisches an die Stelle eines Geistigen setzen zu können, und dergestalt den Tatbestand, sei es auch mit Gewalt, zu vereinfachen.“[22]

Anhand solcher Formulierungen glaubte Benjamin einer humanen Genauigkeit auf der Spur zu sein, die eben nicht der Mitteilung, sondern dem Dahinter der Mitteilung nachlauschte. Hätte Benjamin in friedlicheren Zeiten so unbedingt nach einer Humanität in Nebensätzen geforscht? Die Frage ist nicht zu beantworten, hinterlässt aber eine Ahnung, unter welchen Umständen sich Benjamin diesen Briefen genähert hat.

Wer sich die Zeit nimmt und sich intensiv in die Kommentare Benjamins vertieft, die den Briefen beigegeben sind, entdeckt den Fahrtwind, der diese Briefe begleitet. Jenen des Briefesammlers Walter Benjamin und seiner Flucht genauso wie jene Bewegung, welche die Briefe einst begleitet hat, die ihre Geschichte ist und ihr Schlüssel.

Dass gerade dieses Buch für so wenig Furore gesorgt hat, macht deutlich, dass die Leser, für die es geschrieben wurde, noch nicht da waren, noch nicht die Geschmacksnerven ausgebildet hatten, die offensichtlich für seine Dimensionen notwendig sind. Vielleicht hat das Buch seine Geschichte noch vor sich, denn gerade jetzt, im Zeitalter des Verschwindens der materiellen Anwesenheit von Büchern, könnte Benjamins Frage nach der Haltung des Schreibenden und Lesenden wieder aktuell werden, eben weil er sie im flüchtigen, wenig haltbaren Medium des Briefes, der verspäteten Nachricht und Mitteilung entdeckte. Nicht das meisterwerkhafte Zeugnis der Kultur suchte Benjamin zu fassen, wenn es um die Frage nach der „Würde ohne Sold“ ging. Kleine syntaktische Verschiebungen in einem Absatz, ein sonderbarer Konjunktiv oder eine Grußformel am Ende eines Briefes – aus diesen Abseitigkeiten zog er eine ganze Kulturbetrachtung hervor. Der Brief als flüchtiges, zwischen zwei Menschen abgeschicktes Medium, schien genau das richtige Beispiel dafür zu sein.

Paul Celan oder der Wurf der Flaschenpost

Ebenso wie Briefe können Gedichte Ausdruck für die Erfahrung von Flüchtigkeit sein, vor allem jener Flüchtigkeit der Erinnerungen an Landschaften, die für das Leben von Menschen Bedeutung haben.

Bestimmte Orte, Städte, Dörfer oder Landstriche schreiben sich tief in die Erinnerung ein und dort wachsen sie oder verkleinern sich, wie in dem griechischen Lied über den Mann, der nach langen Jahren des Exils in sein Dorf zurückkehrt und das Gefühl hat, die Dächer der Häuser reichten ihm nur noch bis zu den Schultern. Die Orte der Vergangenheit bleiben jedenfalls nicht dieselben, weder in den Träumen noch in der Wirklichkeit.

Gerade in Gedichten sind Orte und Landschaften manchmal in ihrer ganzen Wucht im Konzentrat weniger Zeilen zu finden, geborgen oder zerstört in einer Formulierung. Und als Leser ahnt man, dass in den verdichteten Beschreibungen und Namensnennungen auch immer die eigenen Orte mit aufgerufen werden, die bekannten und unbekannten Stätten, in denen sich der eigene Blick auf die Welt gebildet hat.

Daher ist es lohnenswert, sich in diesem Zusammenhang dem Werk des Dichters Paul Celan (1920–1970) zu nähern, das vom Leser einiges abverlangt: ein Nachdenken über seine Herkunft und seine Verbindung mit der Vergangenheit, mit den europäischen Straßen und Orten, in denen wir uns als Heutige bewegen und zugleich wissen, wie viele Verbrechen, erzählte und unerzählte, wie viele Akte der menschlichen Vernichtung und Zerstörung sich in ihnen ereignet haben.

Der Leser von Celans Gedichten folgt diesen Straßen und Orten in einer oftmals verworrenen europäischen Topographie, in der Schauplätze aus dem Mittelalter ebenso aufleuchten wie die Schinderstätten der Nazizeit, aber zugleich mit dem Bewusstsein, dass sich das Lesen in diesem Raum immer auf konkrete Wirklichkeit bezieht, auf erfahrbare Wirklichkeit.

Paul Celan, der in Czernowitz in der Bukowina geborene Dichter, konnte sich kein Schreiben vorstellen, das ohne das Bewusstsein für die Landschaften auskam, in denen sich seine Wörter zu den Wörtern seiner Gedichte gebildet hatten. Das Nennen von Flüssen, von Städten und Bahnhofsstationen durchzieht viele seiner Verse. Es sind Stätten des Glücks ebenso wie Orte grausamer Erfahrungen. (Celans Eltern wurde in der Ukraine von den Nazis ermordet.) Diese aufgerufenen Namen sind für den Leser Wegzeichen, Hinweise auf eine besondere Landkarte der Erinnerung. „Ich komme aus einer Gegend, in der Menschen und Bücher lebten", hatte Celan einmal gesagt. Das war nicht nur ein poetisches Bekenntnis, sondern eine geöffnete Tür in sein gesamtes Werk hinein.

Die Gegend, in der Menschen und Bücher lebten, ist für heutige Leser eine verschwundene Welt. Nicht nur das osteuropäische Judentum spielte darin eine große Rolle, sondern auch die verschiedenen politischen Bewegungen des frühen 20. Jahrhunderts, wie etwa der Zionismus und der Kulturzionismus.

Paul Celan lernte früh Hebräisch, ein „Kinder-Hebräisch", wie er später spöttisch schrieb.[23] Aufgrund dieser

Sprachkenntnisse war es ihm möglich, die unzähligen Verse, Lieder und Erzählungen zu verstehen, die damals in der Bukowina kursierten und die von der Sehnsucht nach dem fernen Lande Palästina erzählten. Eine der berühmtesten Stimmen innerhalb dieser zionistischen Dichtungen war dabei Chajim Nachman Bialik. Vor allem sein sehr populäres Lied „Hachnissini" war überall in der Bukowina verbreitet. Auch Celan hatte es mit seinen Schulfreunden gesungen. Das Lied beginnt mit den hebräischen Worten „Hachnissini tachat knafech…" In der deutschen Übertragung lauten die ersten Zeilen dieses Liedes folgendermaßen: „Birg mich unter deinem Flügel/ Und sei mir Mutter und Schwester/ Und lass deine Brust mein Haupt schützen,/ Ein Nest meinen ausgestreckten Gebeten."

Ein Sehnsuchtslied, Sehnsucht nach einer fernen, unerreichbar scheinenden Gegend vorzeigend. Sehr viel später, ein Jahr vor seinem Tod, wird Paul Celan auf dieses Lied zurückkommen. Es wird zum geheimen Code seiner Liebe zu seiner Jugendfreundin aus der Bukowina, Ilana Shmueli, werden, der er im Alter wiederbegegnet war. Mit ihr war er durch Jerusalem gegangen, mit er ihr hatte er so etwas wie Glück erfahren. In einem der damals unveröffentlichten Liebesgedichte an Ilana Shmueli, die er „Mandelnde" nennt, heißt es rückblickend auf sein Leben vor der Nazi-Barbarei in der gemeinsamen Kindheitslandschaft Bukowina: „(…) Und war/ noch nicht/ entäugt,/ noch unverdornt im Gestirn/ des Lieds, das beginnt:/ *Hachnissini*."

Ilana Shmueli, die anders als viele deutsche Leser und Kritiker wusste, für welche Landschaften und Erfahrungen das *Hachnissini* stand, hörte da schon einen verzweifelten Abschiedston heraus, der sie ängstigte. Sie kämpfte gegen diesen Ton an und schrieb ihm zurück: „Du *bist* unverdornt im Gestirn des Lieds, das beginnt…Ilana."

Die Briefstelle verdeutlicht, wie stark die gemeinsamen Erlebnisse in der Bukowina waren. Celan hatte ja seine Liebesgedichte an Shmueli auf Deutsch geschrieben. Hebräische Wörter wie das *Hachnissini* stehen wie Schwellen im Text. Sperren für den deutschen Leser, Codes, die ohne genaue Recherche nicht zu knacken sind. Die Kindheit in der Bukowina bedeutete für Celan das Hineinwachsen in eine Kultur der Mehrsprachigkeit, in die Farben und Stimmungen einer Landschaft, in der sich Östliches und Westliches miteinander vermischten. Jenes weiche Grün und Brombeerdunkel der Flusslandschaften in der Bukowina, in der das Kind Paul Antschel (so sein Geburtsname) unterwegs gewesen war, kehrten später in den Gedichten in vielfältigen Aromen zurück.

Celan hatte es zeit seines Lebens abgelehnt, Deutungen seines Werkes zu geben. Obgleich vielen Lesern, aber auch Kollegen und Freunden die Gedichte seines Spätwerks immer hermetischer und unverständlicher zu werden schienen, empfahl er, sobald er nach Erklärungen gefragt wurde, einfach immer wieder die Texte zu lesen, noch einmal und noch einmal, das Verständnis käme dann von selbst.

Es war auch ein Hinweis auf die Räume, die seinen Gedichten eingeschrieben sind; Räume, die ein Verständnis für die jüdische Kultur benötigen, auch für die Erfahrung der Mehrsprachigkeit, in der er aufgewachsen war. Lesen, um etwas zu sehen, wiederholen, um einen Nebel zu vertreiben.

Seine Gedichte sind begehbar; sie bilden nicht nur Landschaften und besondere poetische Zonen ab; sie sind auch Zeugnis einer langen Flucht. Wer Celans Gedichte liest, ist gut beraten, diesen Spuren zu folgen – und vor allem den Grenzen zu folgen, die beim Lesen erscheinen.

Paul Celan, der früh begonnen hatte, Hölderlin und Rilke zu verehren, begann als Dichter mit einem schwermütigen, elegischen Ton. Landschaften spielten schon früh eine entscheidende Rolle. Auch später, nach der Erfahrung des Nazi-Terrors, sollte sich das nicht ändern. Jedoch: nun waren Landschaft und Geschehen untrennbar miteinander verbunden:

> *Espenbaum*, dein Laub blickt weiß ins Dunkel.
> Meiner Mutter Haar ward nimmer weiß.
>
> Löwenzahn, so grün ist die Ukraine.
> Meine blonde Mutter kam nicht heim.
>
> Regenwolke, säumst du an den Brunnen?
> Meine leise Mutter weint für alle.
>
> Runder Stern, du schlingst die goldne Schleife.
> Meiner Mutter Herz ward wund von Blei.
>
> Eichne Tür, wer hob dich aus den Angeln?
> Meine sanfte Mutter kann nicht kommen.[24]

Obwohl das Gedicht als Erinnerung an die tote Mutter natürlich ohne Kenntnis der Landschaft verstanden werden kann, sind die hier eingeschriebenen Orte doch auf den realen Raum bezogen, in dem sich die Ermordung der Mutter vollzogen hat; Ortschaften, die Zeugnis geben vom Schrecklichen, Unsagbaren.

Bedeutet dies nun, dass man als Leser in die Ukraine reisen muss, um dieses Gedicht zu verstehen? Zumal die Landschaft, auf welche das Gedicht anspielt, heute nicht mehr jene ist, die Celan gesehen und erlebt hat. Vielleicht lässt sich eine mögliche Antwort in einem anderen Beispiel finden, das Alberto Manguel in seiner „Geschichte des Lesens" erzählt: „Der spanische Romancier Jorge Semprun stellte Thomas Manns Roman *Lotte in Weimar* neben seine Bücher über das Konzentrationslager Buchenwald. Er war Häftling in diesem Lager gewesen, und das Buch beginnt mit einer Szene im Weimarer Hotel Elephant, in dem Semprun nach seiner Befreiung untergebracht wurde."[25]

Der Bezug zu realen Orten und Erfahrungen verändert das Lesen; andere Bilder tragen sich ein, bestimmen das Verhältnis des Lesers zum Buch. *Lotte in Weimar* gehörte für Semprun nach 1945 zu einem Raumfeld des Schreckens, das nicht mehr zu hintergehen, geschweige denn zu vergessen war.

Jene Ukraine, die in Celans Gedicht auftaucht, ist daher eben nicht nur ein literarischer Hinweis; sie ist ein Symbol für krisenhafte Landschaften, die, sobald wir sie aufrufen, Erinnerungen bereitstellen, die mit literarischen Begriffen nur unzureichend beschrieben werden können. Die Ukraine Celans ist das Symbol für Orte des Scheiterns und des Schreckens innerhalb einer menschlichen Biographie. Leser können sich daran erinnern, welche Orte in ihrem Leben diese Rolle spielen – oder dass sie glücklicherweise nicht vorhanden sind. Wie sinnlich, nahe und verständniserregend ist dieses Bewusstsein!

Philologisch gesehen, ist das keine Sichtweise, der ein Literaturwissenschaftler ohne weiteres folgen würde. Zu viel Persönliches, möglicherweise Pathetisches und Sentimentales drängt sich hier nach vorn. Blickt man jedoch auf die Fragen: welche Bedeutung gewinnt ein Text für einen Leser? Wie ist diese Bedeutung mit seinen kulturellen Erfahrungen verknüpft? Welche Emotionen ruft er wach und warum? – dann hat diese Sichtweise ihre Berechtigung und kann zu anderen Einsichten führen.

Paul Celans Dichtung ist einerseits ohne seine Biographie, ohne die Orte und Daten, die er als einschneidend empfand, nicht zu verstehen. Andererseits haben seine Texte die Kraft, dem Leser ohne jegliches Vorwissen Anhaltspunkte für die Bedeutung des Ortes zu geben, an denen er liest. Der Ort in diesem Zusammenhang ist ein Hinweis auf den Einfluss von Landschaften und Daten. Er ist auch eine Bekräftigung der Macht von Erinnerungen.

Als seine Eltern ermordet wurden, begann für Celan eine Flucht nicht nur vor den Nazis, sondern auch vor dem Raum, in dem die deutsche Sprache als offizielle Sprache gesprochen wurde. Celan, der erst in Rumänien lebte, dann eine Weile in Österreich, ging schließlich nach Frankreich, um dort, nach finanziellen Anfangsschwierigkeiten, als Lektor für deutsche Sprache und Literatur an der École Normale Supérieure in Paris zu unterrichten. Er war der festen Überzeugung, dass auch nach der Nazizeit in Deutschland jene Sprache der Verfolgung, des Hasses und der Niedertracht nie aufgehört hatte, weiter zu existieren und das Denken zu prägen. Obgleich Celan weiter auf Deutsch schrieb, war es für ihn undenkbar, in Deutschland zu leben und in einem Land zu schreiben, in dem viele der Vertreter einer progressiven Nachkriegsliteratur ihre Jugendzeit in der Wehrmacht verbracht hatten und somit für das brutale Eindringen in seine Kindheitslandschaften mit verantwortlich waren.

Hier lohnt ein genauerer Blick auf die Gründe, warum Deutschland als Ort für sein Schreiben nicht mehr in Frage kam. Als Celan 1952 nach Niendorf zu einem Treffen der Gruppe 47 eingeladen wurde, kam es für ihn zu einem einschneidenden Erlebnis.

Die Gruppe 47, die für sich selbst in Anspruch nahm, nach einer neuen deutschsprachigen Literatur zu suchen, die mit den alten Traditionen brach, frisch war und sich den Brüchen der Nachkriegszeit stellte, war in ihrer ganzen Organisation und der Art und Weise, wie sie Texte bewertete, eine strenge und harsche Maschinerie gegenseitigen Sich-Kritisierens. Die Autoren, die zu den Tagungen eingeladen wurden, mussten sich, ob sie nun wollten oder nicht, den teilweise schroffen Bemerkungen der Zuhörer stellen, ganz so, als würde ein Produkt bewertet.

Paul Celan reiste zum ersten Mal seit Kriegsende wieder nach Deutschland und trug in Niendorf seine Gedichte vor. Die Reaktion war niederschmetternd. Man machte sich über die Art und Weise seines Vortrags lustig, da Celan nicht mit jener dort üblichen schnoddrigen, distanzierten Art vortrug, sondern lesend versuchte, seiner Sprache einen Raum zu schaffen, der ihr angemessen war – in den Ohren der Tagungsteilnehmer klang das jedoch zu pathetisch und empathisch.

In Niendorf, an diesem Ort, der sich als Versammlungsraum einer neuen deutschen Literatur verstand, las und hörte man Celans Texte beinahe mit Spott. Man war sich sicher, hier einen Dichter vor sich zu haben, der noch in der Vorkriegszeit stecken geblieben war. Paul Celan las in Niendorf sein Gedicht „Die Todesfuge" und erntete auch dafür ironische Bemerkungen. Es muss für ihn ein Schock gewesen sein, dass er, zum ersten Mal als deutschsprachiger Dichter in Deutschland lesend, solche Reaktionen hervorrief. Dass dabei auch seine jüdische Herkunft in den Spott miteinbezogen wurde, verwandelte das irritierende Erlebnis in ein Trauma. Hans Werner Richters Kommentar zu seinem Vortrag war, dass er ihn an den „Singsang (…) wie in einer Synagoge erinnerte."

Allein der Ton dieser Kritik muss Celan tief getroffen haben. Er entsprang jener hemdsärmeligen intellektuellen Aufbruchsstimmung, die mit neuem Selbstverständnis und brachialer Kritik an jenem verletzbaren Sprechen vorbeiging, das Celans Werk prägte.

Was wussten seine Zuhörer, die fast alle in der Wehrmacht als junge Männer gedient hatten, von den Landschaften seiner Kindheit und was sie ihm bedeutet hatten? Auch die Topographien des Gedichtes „Die Todesfuge", die Todeslager, kannten sie nicht aus eigener Anschauung. Ihr Lesen und Zuhören war auf ästhetische und strukturelle Fragen der Literatur ausgerichtet.

Paul Celan mag in Niendorf einmal mehr verstanden haben, dass sein Schreiben ein anderes sein musste als jene Schreibansätze, die er hier vorfand. Sein Deutsch war ausgewandert. Es war von Anfang an eine Sprache außerhalb ihrer offiziellen Verwalter. Wenn er davon sprach, dass seine Sprache „hindurchgehen" musste, bezog sich das nicht nur auf die Zeit des Nationalsozialismus. Sie musste auch später hindurchgehen, anders werden in der neuen deutschen Gesellschaft, sich absetzen und nach Lesern suchen, die diesen Prozess verstanden. Die Suche nach einem anderen Deutsch, fast möchte man sagen nach einer *Sanftheit*, die jenseits der Begriffe siedelt, die Sehnsucht nach Augenblicks-Wissen ist in seinen Gedichten fast in jeder Zeile spürbar.

Immer wieder streute er in seine Gedichte hebräische Worte ein, wie etwa „Jiskor", die still gesprochene Form des Kaddisch-Gebets, oder eben „Hachnissini", den Beginn des berühmten zionistischen Liedes aus der Feder von Chajim Nachman Bialik. Er wusste sehr genau, dass nicht-jüdische Leser über diese Zitate stolpern würden. Sie waren nicht zu entschlüsseln, weil trotz des jahrhundertelangen Zusammenlebens von Deutschen und Juden bestimmte kulturelle Erfahrungen nie miteinander geteilt worden waren. Daher baut sich in Celans Gedichten häufig eine Fremde auf, die zu Bewusstsein bringt, dass Lesen ohne Erfahrung, ohne sichtbar werdende Assoziationen, etwas Vergebliches ist.

Natürlich kann man sich das Wissen über die Bedeutung dieser Anspielungen aneignen; für Celan führte das aber nicht in jene Tiefe des Verstehens, nach der er suchte, nach jenem „STEHEN, im Schatten/ des Wundenmals in der Luft".

Das Lesen seiner Gedichte verändert sich, je nach Ort, Standpunkt und Herkunft des Lesers. Natürlich trifft das auf fast alle Texte zu, aber in seinem Fall – im Sinne eines Beispiels – wird besonders deutlich, wie unterschiedlich die Wahrnehmung einer Dichtung sein kann, je nachdem, wo und in welcher Situation man sie liest.

Die fraglos kundigen und sprachsensiblen Zuhörer in Niendorf, begabte und versierte Leser zumal, konnten an diesem Ort und in diesem Zusammenhang Celans Werk nicht verstehen. Umstellt von bestimmten Vorstellungen, Erwartungen und ästhetischen Vorlieben, blieben diese später als Meisterwerke erkannten Verse in den anwesenden Augen und Ohren stumm. Man hatte versucht, ihren Ton und ihre Gestalt einzuordnen, sie in einen bestimmten zeitlichen Rahmen zu pressen und das hatte zur Folge, dass sie zwangsläufig altmodisch wirken mussten. Wie konnten die Zuhörer in Niendorf auch diese Gedichte verstehen, wenn sie, ganz der Mode der damaligen Zeit folgend, sich nicht danach fragten, woher diese Gedichte gekommen waren, durch welche realen und irrealen geschichtlichen Zonen diese Zeilen hindurchgegangen waren?

Celans Gedichte sind eben keine Dichtung gewordenen Zeugenschaften der Nazizeit; sie sind nur Dichtung, und zwar aus einem besonderen kulturellen Raum – und in diesem Sinne antworten sie einem Leser, der seine eigenen Schmerzen, Krisenorte, Fragen und kulturellen Assoziationen an den Text heranträgt – dort, wo er sich gerade aufhält.

Während einer seiner seltenen öffentlichen Reden hat Paul Celan, sieben Jahre vor seinem Freitod, in diese Richtung gewiesen, als er Gedichte als Flaschenpost bezeichnete: „Das Gedicht kann (...) eine Flaschenpost sein, aufgegeben in dem – gewiss nicht immer hoffnungsstarken – Glauben, sie könnte irgendwo und irgendwann an Land gespült werden, an Herzland vielleicht." Hier wird deutlich, dass der Text unterwegs ist, treibend und suchend, und dass es auf den *Finder* ankommt, auf den Zusammenprall an einem bestimmten Ort, „Herzland", an dem die Botschaft der Flaschenpost entschlüsselt werden kann.

Artikel im Pariser „Moniteur universel" vom 5. November 1816 über eine angeblich im Rhein gefundene Flaschenpost

Der Leser als Zuhörer

Sowohl bei Aby Warburg, Walter Benjamin und Paul Celan kann man beobachten, dass das Lesen bestimmte Räume benötigt, um zu einem Erlebnis zu werden, in dem sich zwischen dem Text und dem Leser eine kraftvolle Beziehung herstellt, eine Wechselbeziehung, die eine gewisse Gleichwertigkeit erzeugt. Seien es eine Bibliothek, die Straßen von Metropolen und ihre klaffenden Hinterhofschluchten, sei es das Leben selbst, in dem plötzlich Texte wie eine Flaschenpost angeschwemmt werden.

Der Leser ist der Partner des Textes – gleichzeitig kann er sein Widersacher und Gegner sein. Für Denis Diderot hat diese Konstellation in seinem Roman „Jacques le Fataliste" zu der Frage geführt: „Wer soll der Meister sein? Der Autor oder der Leser?" Im Verlauf des Lesens ist es aber doch wohl so, dass beide miteinander verschmelzen, eine Verbindung eingehen, bei der das Eigene und das Fremde nicht mehr auseinandergehalten werden können. Diese Verwandlung ist von außen kaum zu beobachten; sie ist ein leiser Vorgang aus Erinnerungen, Assoziationen und Träumen. Zugleich verbirgt sich darin eine besondere Freiheit: der Leser kann sich verstecken ohne jede Kontrolle. Er kann aufbrechen zu einer Freiheit, die nur für ihn existiert, wie es der Dichter Reiner Kunze einmal ausgedrückt hat, als er davon sprach, dass am Ende großer Verse Schiffe warten.

Jeder Leser ist dabei zugleich ein Zuhörer. Ein Zuhörer seiner eigenen Lesestimme. Selbst im Lärm eines öffentlichen Platzes oder im Gemurmel einer U-Bahnstation bleibt diese sanft und hartnäckig die Zeilen entlang fahrende Stimme vollkommen konzentriert auf den Inhalt und Rhythmus der Wörter. Man kann sich hier fragen, welche Stimme es eigentlich ist, die einem dann innerlich den Text vorträgt. Die eigene? Die des Autors, übersetzt und verfremdet im Erleben der eigenen Lektüre? Oder eine aus vielen Stimmen zusammengesetzte, eine Schichtung von Stimmen, in der das Kind und der Erwachsene, vielleicht auch schon der gealterte Mensch, der man in Zukunft sein wird, zusammenfinden?

Es ist jedenfalls erstaunlich, dass Menschen stundenlang ihrer inneren Lesestimme folgen können, jedoch schnell an ihre Grenzen kommen, wenn sie an öffentlichen oder privaten Plätzen laut vorgetragenen Texten länger als eine Stunde zuhören sollen. Als ob die reale Stimme eine Wirklichkeit schafft, gegen die man sich irgendwann zu wehren beginnt, weil sie Wörter zu einer Masse anhäuft, die man abtragen muss.

Über das Verhältnis von gesprochener und geschriebener Sprache und über die Rolle des Zuhörers im öffentlichen Raum gibt es in der Weltliteratur eine ungewöhnliche Anekdote. Sie steht ausgerechnet in der Apostelgeschichte der Bibel. Es wird dort erzählt, wie der Apostel Paulus nach Troas kommt und sich in einem Privathaus vor versammelten Zuhörern in Rage redet. Er trägt seine Thesen bis weit nach Mitternacht vor. Um ihn herum stehen und sitzen dicht gedrängt die Menschen im Obergeschoss eines Hauses, das von vielen Lampen erhellt wird. Wahrscheinlich hält er eine Rede, wie es auch heute Politiker tun, die er schon in unzähligen anderen Städten ausprobiert hat.

In einem Fenster, heißt es, sitzt Eutychus.

Man kann sich der Beschreibung nach einen jungen, wachen Mann vorstellen, der sich am Rande hält, hinter der Masse am Fenster, wo er notfalls den Kopf wenden und ihn ins kühle Freie stecken kann. Im Text der

Paulus in Athen

Apostelgeschichte heißt es nun „…er sank in einen tiefen Schlaf, weil Paulus so lange redete; und vom Schlaf überwältig fiel er hinunter vom dritten Stock und wurde tot aufgehoben." (Apostelgeschichte 20, 8–11)

Das endlose Reden des Apostels hatte ihn einfach aus dem Fenster stürzen lassen. Fast könnte man hier einen kräftigen Sarkasmus herauslesen. Der Apostel Paulus läuft sofort nach unten, wirft sich besorgt über ihn und stellt fest, dass noch Leben in ihm ist – mit der Konsequenz, dass sich Paulus nach dieser beruhigenden Erkenntnis wieder nach oben begibt und weiter redet, „bis der Tag anbrach".

Ein Fellini-Film könnte eine solche Szene nicht besser erfinden. Eutychus, von dem in der ganzen Bibel daraufhin nicht mehr die Rede sein wird, ist der geborene Anti-Heilige. Zugleich ist er ein besonderer Zeuge in der

Geschichte des Verhältnisses zwischen Hörern und gesprochenen Texten an öffentlichen Plätzen: Eutychus rebelliert nicht lautstark, er verweigert sich vielmehr heimlich. Er verfällt nicht in Verzückung, sondern in profane Müdigkeit. Statt Epiphanien zu erleben, dämmert er in eine Allerweltsmüdigkeit hinein. Er beantwortet die lange Rede des Paulus mit seinem Schlaf; er flieht vor der Langatmigkeit der endlosen Wortaufschüttung. Er setzt dagegen die Freiheit seines kleinen Träumens – und bezahlt sie prompt mit dem Sturz in die Tiefe. Die Rede des Paulus verwandelt sich in das Gegenteil des Dialogs, wie ihn das Lesen an verschiedenen Orten hervorbringt. Wenn die Sprache leblos auswuchert, stürzt der Hörer sprichwörtlich ab, verliert sich im Dunkeln der Wort- und damit auch Ortlosigkeit.

Nun wäre es in diesem Zusammenhang unstatthaft, Paulus nur als langweiligen, moralistischen Redner ins Feld zu führen. Man kann aus den Briefen, deren Autorschaft ihm zumindest zugewiesen wird, ersehen, dass er durchaus ein wuchtiger, poetischer Schreiber war. Die Anekdote zeigt vielmehr, wie schnell selbst eine große Begabung und ein großes Thema leblos werden, wenn sie ohne den Kommentar und den Einspruch des Zuhörers auszukommen gedenken, ohne jene Zwiesprache, wie sie sich im Lesen von selbst herstellt.

Während in den Evangelien ständig Gegenfragen gestellt werden und die vitale Welt des Disputs der jüdischen Tradition allerorten aufblitzt, finden wir hier nur den Monolog, das einförmige Predigen des auf Tournee befindlichen Apostel Paulus. Man kann sich gut vorstellen, warum der Zuhörer schläfrig wird: Er findet sich in dem Gesagten nicht wieder. Ihm werden Wahrheiten verkündet, die nichts von seinem Denken, seiner Kritikfähigkeit, von seinen inneren Bildern genau an dem Ort, an dem er sich gerade befindet, fordern. Bertolt Brecht liebte ja das Lutherdeutsch der Bibel deswegen so sehr, weil diese Sprache in ihren besten Momenten das Gespräch und den Streit auf die Höhe eines dialektischen Denkens bringt, das aufgrund seiner Nüchternheit und Klarheit erstaunt. Auch Nichtgläubige haben durch die Jahrhunderte die Bibel mit Vergnügen gelesen, weil es Freude macht, den Schlagabtäuschen zu lauschen, die sich hier Krieger und Propheten, Moralisten und Huren, Heilige und Verdammte leisten. Zu lauschen als Zuhörer wie als Leser.

In der Geschichte von Paulus' Nacht in Troas lässt sich in einem frühen Stadium jene Erstarrung wiederentdecken, die man der Kirche und dem Christentum später immer wieder angelastet hat, auch die Entfremdung des inneren Zugangs zu *Wahrheiten*, auf die der Einzelne sein Leben aufbaut. Eutychus spürt insgeheim, dass sein Kommentar nicht gefragt ist. Dass gerade sein Aufenthalt in Troas vollkommen austauschbar ist. Er ist zum Zuhören da; er sitzt in diesem Haus wie Jahrhunderte später die Gläubigen immer noch auf den Kirchenbänken sitzen: zur Ruhe verpflichtet, einer Predigt lauschend, in deren Verlauf keine Unterbrechung, kein Mitsprechen vorgesehen ist.

Überhaupt ist in den christlichen Ritualen wenig von der dialogischen Struktur des ursprünglichen jüdischen Untergrunds (und seiner Lesetaktiken) übrig geblieben – wahrscheinlich einer der Gründe dafür, dass in Europa bis heute bei Staatsansprachen, Festen, Feiertagen, sogar bei Familienfesten die monologische Rede dominiert. Nur der Leser – verstanden als der Nicht-Monologisch-Denkende – hat die Freiheit, dieses Szenarium zu ändern, indem er mitspricht und innerlich Zuhören und Sprechen verbindet. (Die amerikanische Schriftstellerin Gertrude Stein sah darin sogar die Bedingungen für ein Genie erfüllt: gleichzeitig sprechen und hören zu können.)

Der Kommentar des Lesers macht erst den Text, den er liest, *wirklich*. Der Text wird zum Bestandteil einer Biographie, eines individuellen Lebens. Der Fensterplatz des Eutychus ist daher auch ein kulturgeschichtliches Symbol, ein besonderer Ort für die Macht des Träumens, die den Leser wie den Zuhörer auszeichnet. Das innere, traumnahe Assoziieren ist im Prozess des Lesens etwas Notwendiges; in der Sphäre des öffentlichen, monologischen Zuhörens kann er zur Erstarrung führen.

Der kleine Durchgang zwischen Propaganda und Widerstand

Der Leser als Träumer ist aber nicht nur eine symbolische Figur, ein tausendfach wiederholtes Bild in der Literatur und in den Bildenden Künsten, sondern auch eine politische Figur angesiedelt zwischen Traumhoffnungen und Propaganda. Das Lesen vollzieht sich, selbst im Privatesten, niemals außerhalb politischer und gesellschaftlicher Ereignisse, sondern immer in bestimmten Landschaften, Orten und Räumen, die auf den Leser einwirken.

Im alten Habsburgerreich etwa nach dem entscheidenden Sieg Radetzkys über die Piemontesen bei Custozza am 25. Juli 1848 dichtete Franz Grillparzer für eine patriotisch hungrige Leserschaft: „Glück auf, mein Feldherr, führe den Streich!/ Nicht bloß um Ruhmesschimmer,/ In deinem Lager Österreich,/ Wir andre sind einzelne Trümmer./ Aus Torheit und aus Eitelkeit/ Sind wir in uns zerfallen;/ In denen, die du führst zum Streit,/ Lebt noch ein Geist in allen."[26]

Schiff als „Schwimmende Frontbuch-handlung"

Solche Gedichte wurden gedruckt, öffentlich rezitiert und in Gasthäusern diskutiert. Sie riefen Gefühle wach, spornten die Kampfeslust an und grenzten klar Freund und Feind ab. Das „uns" des Gedichtes hatte klare räumliche Entsprechungen. Wer innerhalb des Reiches lebte, war gemeint. Wer sich außerhalb befand, war ausgeschlossen.

Kriegsbegeisterung sowie Kriegsskepsis wurden über das Medium der Literatur vermittelt; das Reich immer wieder als Einheit beschworen, nicht nur im Habsburgerreich, sondern in fast allen Epochen der modernen europäischen Geschichte. Die politische Propaganda ist nicht denkbar ohne die Fähigkeit der Literatur, beim einzelnen Leser ein Wahrheitsgefühl zu stimulieren, das ihn zu bestimmten Handlungen in seinem Alltagsleben treibt und das ihn anschlussfähig für Massenbewegungen macht.

Es ist oft auf den suggestiven Massencharakter der Propaganda hingewiesen worden; ebenso bedeutsam in diesem Zusammenhang ist sicherlich das stille Lesen, das Infiltriertwerden des Einzelnen durch eine Ästhetik der Gewalt und der Propaganda im intimen Sich-Versenken. Hier steht nicht der Marktplatz im Mittelpunkt, sondern die Stube; nicht das Schreien der johlenden Massen, sondern die Stille der eigenen Wohnung. Hier wird aus dem Leser nicht eine Figur des Widerstands, sondern eine Figur der Ergebung in leise subtile Anrufungen, die durch ihre Wahrnehmung in privaten Zonen ihre besondere Durchschlagskraft erweisen. Gerade der ästhetische Charakter von Propaganda, wie er in unzähligen Flugblättern, Heften, Tendenzromanen und Gedichten zum Ausdruck kommt, prägt die Sprache und das Denken ihrer Leser auf umfassende Weise. Die Propaganda fließt selbst hier vielleicht auch stärker in die persönlichsten Zonen des Sprachgebrauchs ein. „Das ist wohl auch der Sinn der Sentenz: Le style c'est l'homme; die Aussagen eines Menschen mögen verlogen sein – im Stil seiner Sprache liegt sein Wesen hüllenlos offen"[27], wie es der Philologe Victor Klemperer in seinem Buch LTI über die Sprache des Dritten Reiches geschrieben hatte.

Gerade im Verhältnis zwischen Zeiterleben und Propaganda, zwischen dem Ort der Lektüre und ihrer Aufrufungskraft enthüllt sich die Verführbarkeit des Lesers. Er wird in der Stille manipuliert und verändert, durch die Kraft seiner eigenen Gedanken und Bilder.

Bücher können den Leser aber auch in seiner Kraft zum Widerstand positiv politisieren, nämlich in jenem Raum des Ästhetischen, in dem die Logik der realen Verhältnisse auf den Kopf gestellt wird. Ein eindrückliches Beispiel dafür ist der 1958 in Italien erschienene Roman „Der Leopard" von Giuseppe Tomasi di Lampedusa, einer der großen einflussreichen historischen Romane Italiens im

20. Jahrhundert. Rückblickend werden hier die Auswirkungen der Freiheitsbewegung unter der Führung des geradezu mythisch gefeierten Helden Guiseppe Garibaldi im 19. Jahrhundert erzählt, und zwar so, dass der Leser die Brüche dieser Freiheitsbewegung in präzisen Szenen und in der detailgenauen Charakterisierung einzelner Personen entdecken kann. In Fragmenten. Am Beispiel einer Fürstenfamilie. Am Beispiel einer erfundenen Geschichte.

Leopard,
Chinesischer
Teppich

Ein kurzer Blick aufs Geschehen: Der Roman erzählt die Geschichte des charismatischen sizilianischen Fürsten Don Fabrizio, Herzog von Salina, der merkt, dass die Zeit seines Fürstenhauses abgelaufen ist. Dass die neue Zeit ihn schnell überleben und die alten Traditionen vergessen machen wird. In seinem Wappen trägt er den prunkvollen Leoparden.

Der Roman kümmert sich nicht um den Streit, wie man eine bestimmte historische Epoche politisch bewerten soll. Lampedusa interessiert sich für die Beobachtungsfähigkeit seiner Leser, für ihre Gabe, in den Details des Erfundenen eine besondere Wahrheit geschichtlicher Verläufe zu entdecken, die in Geschichtsbüchern keinen Platz hätte. Es ist eine flüchtige Wahrheit, eine Art der Erkenntnis, die nicht zu Parolen führt. Vielmehr stimuliert sie die Widerstandskraft des Lesers, nicht nur den sogenannten Fakten der historischen Geschichte zu glauben, sondern sich für den Einzelfall, für die Mikrogeschichte, zu öffnen.

Hier scheinen Perspektiven auf, die in ihrer Bedeutung kaum in Worte zu fassen sind, etwa die berühmte, prächtig lang andauernde Ballszene in Lampedusas „Der Leopard", die, ohne es direkt auszusprechen, den Untergang einer Epoche vorführt.

Die Erinnerung an den Palast in Palermo nimmt der Leser als Aufenthaltsort mit; wer lesend durch diesen Ball hindurchgegangen ist, hat nicht nur ein Stück große Literatur mit verfolgt, sondern auch eine Art des Sprechens über historische Prozesse kennen gelernt, die den Blick schärft für die Bedeutung des Nicht-Faktischen. Lichter, Gesprächsfetzen, ein Gesichtsausdruck oder das Eintreffen einer Nachricht werden zum Kaleidoskop des Untergangs des einst mächtigen Herrscherhauses. Der Leser findet plötzlich das Nebensächliche aufgewertet.

Wofür in keinem Nachrichtenblock Platz wäre, hier stiftet
es neue Erkenntnisse. Am Schluss des Romans ist es ein
toter Hund, der auf magische Art und Weise das Ende des
Herrschaftshauses dokumentiert, nämlich als der Fellleib
des Tieres einfach aus dem Fenster geworfen wird: „Als das
verkommene Stück fortgeschleift wurde, sahen die Augen
aus Glas sie mit dem demütigen Vorwurf der Dinge an, die
man ausmerzt, die man vernichten will. Wenige Minuten
danach war das, was von Bendicò übrig war, in einen
Winkel des Hofes geworfen, wo der Mann, der den
Kehrricht wegräumte, jeden Tag hinkam. Während des
Fluges vom Fenster hinunter nahm das Häufchen Fell auf
einen Augenblick wieder seine Form an: man hätte meinen können, in der Luft tanze ein Vierfüßer mit langem
Schnurrbart – die rechte Vordertatze drohend erhoben.
Dann fand alles Frieden in einem Häufchen bleichen
Staubes.“[28]

Ein Hund, in dem sich die Gestalt des Leoparden für
einen Moment offenbart – dies ist das Schlussbild? So ist
es. Hier wird politische Geschichte in einem überraschen-
den Bild erzählt – und der Leser muss es entschlüsseln
mitsamt seiner absurden Traumhaftigkeit, die zu den
Kernbestandteilen ästhetischen Denkens im Raum der
Literatur gehört. Ein Augenblick wird vorgeführt und der
Leser kann sich entscheiden, wie viel Bedeutung er ihm
zumisst. Der Widerstand des Lesers ereignet sich jenseits
der Logik von Propaganda. Keine feststehenden Wahrheiten werden verkündet, sondern Beobachtungen angeboten. Der Leser muss sich selbst in den Text einbringen,
seine eigene Position innerhalb der historischen Geschichte überprüfen, seine Prägungen und Überzeugungen. Die
Wahrheit der Geschichtsbücher, wie sie in Schulen ver-
wendet werden, wird auf den Kopf gestellt. Die eigene

Fähigkeit zum genauen Sehen und Beobachten rückt in den Vordergrund. Und wo finden diese Beobachtungen solcher Romanlektüre statt? Auf dem Marktplatz? Bei öffentlichen Lesungen, nach denen man kaum die einzelnen Bestandteile des Gehörten wiedergeben könnte?

Der Leser beobachtet am genauesten in den Räumen, die ihm das präzise Lesen erst ermöglichen. Das sind für jeden Leser andere Räume. Ihnen allen gleich ist aber die Garantie der Konzentration. Wenn wir Details zu beobachten beginnen, brauchen wir ein Labor der Aufmerksamkeit. Einen inneren Zirkel, in dem das Fell des Hundes seine Schattierungen zeigt. In diesem Zirkel können die Propaganda überwältigen oder ein ästhetischer Widerstand wachsen, der gegen das Fundamentalistische schützt. Terry Eagleton hat in diesem Zusammenhang süffisant angemerkt, dass daher auch der postmodernen Philosophie etwas Fundamentalistisches anhängt, eben weil sie jede Bedeutungs- und Sinnebene von Texten so radikal verneint.[29] Dass wir als Leser mit dem Text eine Beziehung eingehen, bei dem der Ort, an dem wir lesen zum Beobachtungsposten wird, ist möglicherweise ein Standpunkt der Freiheit – und zugleich des fröhlichen postmodernen Altmodischseins.

Wenn man über die ästhetische Widerstandskraft des Lesers nachdenkt, lässt sich auch an ein neueres Buch denken, an Peter Handkes beeindruckend schmalen Band „Noch einmal für Thukydides", der einige nur sehr kurze Prosaminiaturen enthält. Ein Meisterwerk, das mit der Leichtigkeit einer japanischen Tuschzeichnung die lesenden Augen fesselt. Handkes Buch spielt noch deutlicher mit dem Beobachtungsposten des Lesers, seiner blinzelnden Aufmerksamkeit und seiner Gabe, die Welt auf den Kopf zu stellen.

Thukydides, das war der berühmte Militärhistoriker der griechischen Antike. Er gilt als einer der Väter der Geschichtsschreibung. In einem mehrbändigen Werk hatte er den Peloponnesischen Krieg beschrieben, den Krieg zwischen den Athenern und Spartanern, an dem er selbst eine Zeitlang aktiv beteiligt war. Bei Handke spielt Thukydides' Biographie und Werk jedoch vordergründig keine Rolle. Kein einziger Text hat direkt mit seiner Person zu tun. Vielmehr wird mit mutigem naivem Staunen eine andere Frage aufgeworfen: Die großen Kriege, der Schlachtenlärm, die Daten von Siegen, die Namen von Heerführern, der Untergang von Kulturen, wie Thukydides sie beschrieben hatte, sind das eigentlich die wichtigen Daten? Oder können die Ereignisse eines gewöhnlichen Tages (sofern es überhaupt so etwas wie einen *gewöhnlichen Tag* gibt) unser Bild der Geschichte viel wesentlicher beeinflussen, eben weil wir als Beobachter in ihr aufscheinen, als konkrete Teilnehmende? In Handkes Buch werden statt historischer Daten Details aus der Beobachtung eines Reisenden im 20. Jahrhundert wiedergegeben, miniaturartige, penibel beschriebene Schilderungen von Naturszenen oder scheinbar nebensächlichen Reiseerlebnissen.

Das erste Stück des Bandes, das den programmatischen Titel „Für Thukydides" trägt, ist kaum eine Seite lang und erzählt auf erstaunliche Weise vom Schmelzen des Schnees in einem Garten an einem Frühlingsmorgen: „(...) Die Schneekörner kippten wie von sich aus, fielen weg und rollten zur Seite, wurden durchscheinend und durchsichtiger von Blick zu Blick. Über die ganze Schneedecke ging quer durch den Garten ein stetiges, unaufhörliches Rucken, Rollen, Ins-Fließen-Kommen, Rinnen und – wenn man das Ohr näherte – Knistern. Das war das Schmelzen des Schnees. Manche Körner stellten sich dabei unter der warmen Sonne in die Schräge wie winzige Weltall-Teleskope, mit einem Gleißen im Brennpunkt des Spiegels. Zugleich sackte die Schneedecke zusehends zusammen und ließ zuletzt zwischen den durchstechenden paar frischen Grashalmen die Rakete einer ersten Krokusblüte aufleuchten, noch halb in ihrer Blatthülle, die Spitze tiefblau auf den ebensolchen Weltraum gerichtet. Durch die Lupe gesehen, war der kristallige Firnschnee voll Ruß. Das waren die Ereignisse des Vormittags am 23. März 1987."[30]

Was hat das mit Thukydides zu tun? Gibt es überhaupt irgendeine politische oder historische Assoziation zu dem antiken Autor in diesem Text? Auf den ersten Blick wohl kaum. Betritt man den ästhetisch-politischen Raum des Lesens, dann ist vielleicht gerade dieses Stück eminent politisch, eben weil es der großen Geschichte der Fakten, Zahlen, Daten eine andere entgegenstellt, eine harmlos erscheinende, die jedoch die Wahrnehmungsfähigkeit des Lesers stärkt, seinen Alltag, seine Umgebung, die Welt, in der er sich befindet. (Daher erstaunt auch nicht die häufige Nennung des Wortes „Welt" im Text.) Man könnte freilich auch hier eine gewisse Naivität festhalten, eine Art romantische Träumerei, die es sich zu einfach macht, den Krokus unterm schmelzenden Schnee den großen historischen Umwälzungen entgegenzustellen, wie sie Historiker wie Thukydides festgehalten haben. Andererseits ließe sich auch sagen, dass sich Thukydides ja als Chronist sah, als möglichst präzisen Zeugen eines Weltgeschehens, an dem er selbst beteiligt war. Diese Selbstbeteiligung und Genauigkeit in der Wahrnehmung von Ereignissen, die vor unseren Augen geschehen, die wir lesend vertiefen und möglicherweise dann erst begreifen, ist eine Aufgabe nicht nur des Autors, sondern auch des Lesers. Er ist Teil der

Geschichte, gestaltet sie, stimuliert sie selbst durch kleinste Alltagshandlungen. Das Schmelzen des Schnees dauert einen Augenblick, in einem Garten, den der Leser nur für die Zeit seiner Lektüre betritt, mit den Bildern der Gärten im Gedächtnis, die er selbst gesehen hat – in dieser Konstellation wird das Lesen zum Bestandteil seiner eigenen Geschichte und Biographie, einen Augenblick lang.

Gefährliche Wahrnehmung

Leser und Bücher treffen mitunter in existentiell bedrohlichen Situationen und an gefährlichen Orten aufeinander. Kampfplätze, sichtbar und unsichtbar, umstellen Bücher und jene, die nach ihnen greifen. Zwangsläufig verändert dies das Verhältnis zwischen ihnen.

In den Schützengräben des Ersten und Zweiten Weltkrieges war das Lesen für viele Soldaten propagandistische Stimulierung ebenso wie Trost und Ermutigung. Pamphlete über die angebliche Mannesertüchtigung des Krieges wurden ebenso verschlungen wie die Verse Friedrich Hölderlins oder die Kapitel des Johannesevangeliums. Wie anders muss aber die Wahrnehmung des Geschriebenen in dieser Umgebung von Lärm, Dreck, Schlamm und notdürftigen Unterkünften gewesen sein? Welchen Einfluss hatte die Tatsache, dass viele Soldaten nicht einmal wussten, ob sie das Buch, das sie in den Händen hielten, jemals zu Ende lesen würden? Und welche Bedeutung kam plötzlich verdichteter Sprache zu?

Während des Spanischen Bürgerkrieges wurden die Verse García Lorcas in den Uniformtaschen der Kämpfer auf Seiten der Volksfrontregierung umher getragen und auf Tagungen und Kongressen, aber auch an der Front gelesen;

ihre Aufnahme bei den Lesern und Zuhörern mag sich fundamental von jener unterschieden haben, wie man sie heute bei vielen Lorca-Rezitationsabenden erleben kann.

Im DDR-Widerstand wurden die Gedichte Wolf Biermanns und Gerulf Pannachs handkopiert im Land weitergereicht und heimlich begeistert in Privatwohnungen vorgetragen; manchmal wurden Menschen nur deswegen ins Gefängnis geworfen, weil sie diese Texte kopiert oder im Freundeskreis vorgelesen hatten. Heute fällt es schwer, die Energie zu begreifen, die diese Texte bei vielen regimekritischen Menschen auslöste. Dennoch stellen sie ein wichtiges Zeugnis dar, wenn man den inneren Prozess verstehen will, der zu Ereignissen wie dem Fall der Mauer geführt hat.

Politische Bewegungen sind ohne die Träume von Lesern nicht zu verstehen. Der ästhetische Widerstand der Literatur ist immer auch mit Gefühlen verbunden, die in den privaten Hoffnungsraum von Lesern führen. In bestimmten Konstellationen können solche Texte daher eine ungeheure Kraft entfalten – und eben auch wieder verlieren. Heute spielen die Texte Biermanns und Pannachs aus dieser Zeit kaum noch eine Rolle, vor allem in der jungen Generation des wiedervereinigten Deutschlands werden sie kaum noch gelesen. Ihre Anspielungen und poetischen Tricks und Kniffe sind auf einen bestimmten Raum bezogen, der nicht mehr existiert. Dennoch sind sie in der nur schwer zu schreibenden Geschichte des Lesens historische Funktionen eingegangen, die sowohl zu der Biographie der Texte gehören wie zu der Biographie der Leser, die mit ihnen umgingen. Allein ihre Fähigkeit zur Ablenkung, zur Ironie, zum Gegenentwurf, der gegen die übermächtige Realität gerichtet war, spielt ihnen eine mächtige Würde zu. Manche Schriftsteller aus der ehemaligen DDR erzahlen bis heute, dass sie niemals mehr ein so kundiges, genau zuhörendes Publikum hatten wie in der Zeit, als sie entweder in privaten Wohnungen oder bei von der Staatssicherheit überwachten Lesungen auftraten. Die gleichen Texte, Jahre später in Freiheit vorgetragen, entbehrten plötzlich dieser zitternden, elektrisierenden Mehrdeutigkeit, wenn etwa, wie bei einer Lesung eines Dichters in Leipzig in den achtziger Jahren, die Menschen tosenden Beifall spendeten, weil sie in einem Gedicht über das Radfahren das Wort „absteigen" als geheimes Signalwort für Widerstandshandlungen zu erkennen glaubten. Das gleiche Gedicht hatte nach 1989 keinerlei politische Bedeutung mehr. Es gab den Raum nicht mehr, in dem es seine versteckten Türen hätte öffnen können.

Einmal mehr lässt sich hier entdecken, wie wichtig der Ort und die Zeit sind, um aus dem Lesen eine besondere Kraft herauszuholen. Es gäbe viele weitere Beispiele, die dies verdeutlichen können. Zu den eindrücklichsten gehört hier sicher auch die Rolle von Büchern und Texten im Warschauer Ghetto, besonders die, die sie in dieser Zeit für Kinder gespielt haben.

Ein Jahr nach Kriegsende, am 18. September 1946, fand man in der Stadt Warschau bei Ausgrabungen große Metallkisten und Milchkannen, in denen sich Hunderte Dokumente des Untergrundarchivs „Oyneg Shabes" befanden. Unter widrigsten Umständen hatten der Historiker Emanuel Ringelblum und seine Mitarbeiter verschiedene Dokumente während der Ghetto-Zeit gesammelt, darunter Aufsätze von Kindern, Tagebücher, Zeitungen, Bonbonpapier, Straßenbahntickets ebenso wie Berichte über Erschießungen und Folterungen, gesammelt überall im Ghetto.

In den Tagebüchern und Berichten finden sich immer wieder auch Auskünfte über Kinder und ihr Verhältnis zur

Sprache und zum Lesen. So schrieb einer der Mitarbeiter, der das in Milchkannen verpackte Archiv an einem geheimen Ort der Stadt versteckte, Israel Lichtenstein, über seine Tochter Margalit:

„Ich möchte, dass man sich an meine kleine Tochter erinnert. Margalit ist heute 20 Monate alt. Sie beherrscht die jiddische Sprache vollkommen und spricht sie perfekt. Mit neun Monaten begann sie verständliches Jiddisch zu sprechen. Ihre Intelligenz entspricht derjenigen von drei- oder vierjährigen Kindern. Ich prahle nicht. Leute, die es erlebt und mir davon berichtet haben, sind die Lehrer in die Nowolipki Straße 68 (...). Mein eigenes Leben oder das meiner Frau beklage ich nicht. Ich bedaure nur dieses kleine, nette und begabte Mädchen. Auch sie verdient es, in Erinnerung zu bleiben."[31]

Keiner aus Israel Liechtensteins Familie sollte das Ghetto überleben. Auch das Mädchen Margalit nicht.

Eine besondere Nähe zur Sprache, zum Umgang mit Literatur, lässt sich bei vielen Kindern im Warschauer Ghetto nachzeichnen. Märchen, Sagen und Geschichten wurden beispielsweise als Ablenkung zu einem wichtigen Raum, um sich für kurze Momente aus der Hölle der Realität hinweg zu träumen. Die Zeugnisse des Untergrundarchivs „Oyneg Shabes" des Warschauer Ghettos unter Leitung von Emanuel Ringelblum belegen an vielen Stellen, welche Zustände der Demütigung und Angst Kinder erfahren mussten.[32] Je bedrohlicher die äußeren Verhältnisse wurden, desto wichtiger wurden die inneren Rückzugsräume, die kurzen Pausen des Durchatmens und der Selbstvergewisserung in dem immer enger werdenden Ghetto. Die Stunden in beengten Verstecken, geheimen Wohnungen und mit Menschen überfüllten Küchen, in denen Kinder sich mit einem Buch zurückzogen oder

Geschichten zuhörten, sind heute nicht mehr rekonstruierbar. Gleichzeitig gehören sie zu jenen Leerstellen in der Geschichte des Lesens, die in ihrer Bedeutung kaum zu überschätzen sind.

Emanuel Ringelblum legte großen Wert auf die Zeugnisse und Dokumente von Kindern, weil er ihre unmittelbare Wahrnehmung, ihre Direktheit und ihre genaue Beobachtungsgabe besonders schätzte. Er sammelte zusammen mit den anderen Archivmitarbeitern von „Oyneg Shabes" Bilder, Zeichnungen, Gedichte, ließ Interviews anfertigen, gab Texte in Auftrag, sammelte Reportagen, schrieb und las unermüdlich, um der Nachwelt Nachricht zu geben von dem, was in Warschau geschah, aber auch, weil er in diesem Lesen und Schreiben, gerade in den demütigenden Umgebungen, selbst einen Halt fand und sich dadurch noch als geistiger Mensch fühlen konnte.

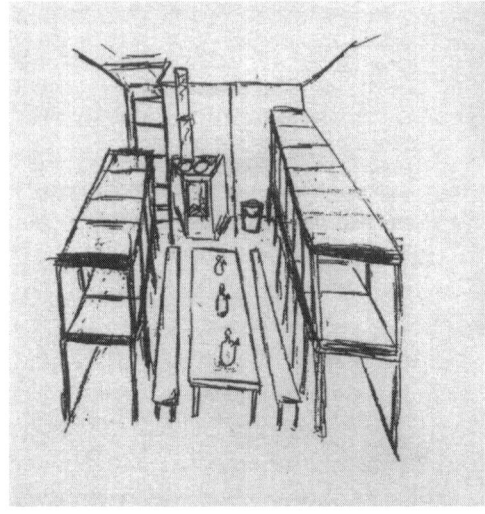

Der Bunker in der Grójecka-Straße 81

In seinem letzten Versteck, im Bunker in der Grójecka-Straße 81, lebte er selbst auf engstem Raum mit achtunddreißig anderen Untergetauchten. Die Augenzeugin Orna Jagur erinnert sich in ihren Memoiren an den lesenden Emanuel Ringelblum: „An einem Tisch hockte neben einer brennenden Karbidlampe stets an der gleichen Stelle ein wortkarger Mann in mittleren Jahren und schrieb. Er schrieb beinahe unablässig, ganze Tage und Abende stundenlang, ohne von dem Tisch voller Papierkram und Büchern aufzustehen. Es war dies der Historiker und Chronist Dr. Emanuel Ringelblum."[33]

Das Lesen und Schreiben waren auf den Ort bezogen – und daher hatte Ringelblums Untergrundarchiv „Oyneg Shabes" auch einen vollkommen anderen Ansatz als andere Archive. Es setzte das Hier und Jetzt in den Mittelpunkt, den Augenblick des leidvollen Erlebens, in dem sogar noch ein Stück bekritzeltes Bonbonpapier eine Geschichte erzählte. Die immer enger zusammen rückenden Mauern des Ghettos waren der Umriss einer bizzaren Parallelwelt. Alles musste heimlich geschehen. Das Lesen, das Schreiben, die Archivtreffen, die Übergabe von Materialien, Gespräche in Werkstätten, Hinterhofeinfahrten, überfüllten Wohnungen. Gleichzeitig war diese Welt Realität, konkreter Aufenthaltsort, eine Zone, in der Menschen nach so etwas wie dem Widersinn abgerungener Normalität suchten.

Ringelblum wusste, dass seine Überlebenschance sehr gering war. Selbst das Überleben des Archivs war mehr als fraglich. Er las in einem Jetzt, das die Nachgeborenen nicht mehr rekonstruieren können. Der Augenblick des Lesens und Schreibens inmitten eines tödlichen Chaos sollte festgehalten werden. Die innere Geschichte jener sollte bewahrt werden, deren Stimmen vernichtet wurden.

Es gibt wohl wenige Beispiele in der Geschichte, in denen das Lesen und der Ort eine solche dramatische Abhängigkeit voneinander erfuhren wie in der Geschichte der Menschen, die dieses Untergrundarchiv in Warschau schufen.

Alle „Oyneg Shabes"-Mitglieder hatte die Überzeugung geeint, dass sich in der Sprache etwas bewahrt, was das individuelle Zeugnis nicht weitergeben kann, was vielen ghettoisierten und gefangenen Menschen Trost gespendet hat.

So schrieb auch Abraham Sutzkever im Wilnaer Ghetto auf Jiddisch die Zeilen, die wie eine Beschwörung der Kraft der lesbaren Sprache klingen: „Un vi der uralter kern/ Vos hot zikh farvandlt in zang –/ Veln die verter oykh nern,/ veln die verter gehern/ dem folk, in zayn eybikn gang. (dt. v. Hubert Witt: Wie es uraltem Weizen/ wieder zu blühen gelang,/ also nähren die Wörter,/ also gehören die Wörter/ dem Volk bei seinem ewigen Gang.)"[34]

Man stößt hier freilich an die Grenzen einer Untersuchung dieser inneren Phänomene, beispielsweise, wenn nach der Rolle des Lesens in krisenhaften menschlichen Situationen wissenschaftlich objektiv geforscht wird. Die Kernfrage lautet dabei: Wie verändert sich das Lesen von Menschen in einer Situation der Flucht und fortwährenden Unruhe?[35] Ähnlich wie Charlotte Beradt in ihrem Buch „Das Dritte Reich des Traums"[36] Berichte von Träumen und Angstvisionen verfolgter Menschen gesammelt hat, um daraus eine andere, verborgene Topographie des Dritten Reiches freizulegen, ist auch die Auseinandersetzung mit Leseerlebnissen von Verfolgten eine schwierige, von Spekulationen umstellte Perspektivenerweiterung.

Der *erlebte Innenraum des Exilanten und Verfolgten*, die häufig nur noch schwer festzustellenden Schnittstellen zwischen der erdachten, erträumten, lesend verglichenen Welt und der politischen, ökonomischen und sozialen Realität dieser Zeit gehören dennoch zum unmittelbaren Verständnis von existentiellen Krisen. Max Frisch schrieb über diesen Umgang mit Literatur: „Fabeln, scheint es, gibt es zu Tausenden, jeder Bekannte wüsste eine. Unbekannte verschenken sie in einem Brief, jede ist ein Stück, ein Roman, ein Film, eine Kurzgeschichte, je nach der Hand, die sie zu greifen vermöchte – es fragt sich bloß, wie und an welchen Stellen sie ergriffen wird; welche ihrer zahllosen Situationen sich kristallisiert...“[37]

Ort, Zeit und politische Situation des Lesenden können unmittelbar auf einen Text fallen und die Wahrnehmung des Ortes verändern, an dem jemand nach einem Text *greift*. Genau dieses Ergreifen einer gelesenen Fabel und ihre besondere Inanspruchnahme innerhalb der Situation des Lesenden sind für das Verständnis der inneren Verhältnisse eines Lebens auf der Flucht etwas Entscheidendes. Der Leser ist hier nicht mehr nur Konsument einer Geschichte. Seine Wahrnehmung, die immer auch Handeln ist, vollzieht sich in einem politischen Raum, in dem selbst der Wunsch nach Ablenkung und Flucht in die Phantasie neue Bedeutungen erhält, ob er sich darüber bewusst ist oder nicht.

Der Leser wird zur Figur eines Innehaltens inmitten rasanter Bewegungen und Verunsicherungen um ihn herum. Der Kulturwissenschaftler Stephen Greenblatt hat wiederholt darauf hingewiesen, dass die sichtbaren *Ereignisse* der politischen Geschichte nur ein Teil der historischen Wahrheit sein können, vor allem, wenn es um das persönliche Verhältnis von Individuen zu kulturellen Artefakten geht. Freilich schränkt er auch ein: „Literaturwissenschaftler, die in ihrem Leben so viel über die Einbildungskraft grübeln, laufen leicht Gefahr, die Bedeutung der Phantasie bei der Genese historischer Ereignisse zu überschätzen."[38] Dennoch, so könnte man hinzufügen, kann er dieser Sphäre nicht entgehen, wenn er nach der Geschichte von Büchern und ihren Lesern fragt.

Vibrierende Orte des Lesens

Blickt man auf die Kulturgeschichte des Lesens, so wird deutlich, dass die Räume des Lesers häufig recht statisch abgebildet werden. Der verschwiegene antike Hain, die Klosterzelle des Mittelalters, die Gärten der Renaissance, die Pavillons des Barocks und des Rokoko, die Waldeinsamkeit der Romantik und auch die Bibliothek des Biedermeier sind Räume der Kontemplation, in die sich Leser zurückziehen, um sich in Bücher oder Manuskripte zu vertiefen. Bücher erscheinen in einem Raum der Stille.

Selbst im 20. Jahrhundert ist in den großen, multimedial aufgerüsteten Bibliothekshallen die Pflicht zur Ruhe eisernes Gesetz. Eine Bibliothek des Lärms, des Durcheinanderredens, Streitens und Disputierens hat, zumindest in der westlichen Kulturtradition, kaum Entsprechungen in der Wirklichkeit. Auf unzähligen Bildern, Zeichnungen und Skulpturen lässt sich dieser konventionelle Augenblick der lesenden Versenkung und Vertiefung wiederfinden. Aus dem Lesen wurde ein Symbol für leises Innehalten, ein Kampf gegen die verstreichende Zeit im Raum der Buchstaben. Um dieses Symbol schließen sich wie Hüllen die Blasen bestimmter architektonischer Zellen, streng umgrenzte Räume, die das Lesen beschützen sollen.

Auf dem steinernen Grabmal des Antonio del Corro im spanischen Vincente de la Barquera sieht man sogar den

toten Mönch noch über den Tod hinaus in einer skulptu-
ralen Manifestation auf seinem eigenen Sarkophag liegen,
den Kopf in die Handfläche gestützt und genussvoll ein
Buch lesen. In diese Leser-Text-Beziehung, so scheint es,
kann man nicht mehr eindringen; sie ist eine absolute
Darstellung des Privaten, Intimen dieser Beziehung.

*Grabmal
Antonio del Corro,
Sevilla, Spanien*

Bereits im Christentum zu Zeiten des Augustinus fand
diese stille Art des Lesens immer mehr begeisterte
Befürworter, nachdem über eine lange Zeit hinweg das
laute Vorlesen das Primat gehabt hatte. In den klösterli-
chen Schreibstuben des 9. Jahrhunderts nach Christus
wurden die zu schreibenden Texte entweder diktiert oder
man trug sie sich gegenseitig laut vor.

Alberto Manguel berichtet über einen anonymen Schreiber aus dem 8. Jahrhundert, der über diesen lärmigen Zustand folgendermaßen klagte: „Niemand kann ermessen, welche Anstrengungen verlangt werden. Drei Finger schreiben, zwei Augen sehen. Eine Zunge spricht, der ganze Körper arbeitet."[39]

Hier wird auf das eigene laute Vorlesen beim Übertragen der zu kopierenden Texte angespielt. Von Stille keine Spur. Schließlich veränderte sich jedoch dieses Verhalten und das leise Lesen setzte sich durch, vor allem in den Klöstern und an jenen gesellschaftlichen Orten, an denen Menschen auftauchten, die es sich aufgrund von Bildung, Religionszugehörigkeit und Ermächtigung leisten konnten, sich diesem Genuss hinzugeben. Man schrieb und las ergeben in der Stille.

„Auf jeden Fall ermöglichte das stille Lesen dem Leser endlich eine ungestörte Beziehung zum Buch und zum Wort. Die Mühe und die Zeit, die zum Aussprechen der Wörter gebraucht wurde, konnte er sich sparen. Sie breiteten sich in einem inneren Raum aus, strömten durch ihn hindurch oder verharrten dort, und kaum waren sie mit den Augen erfasst oder nur halb ausgesprochen, boten sie sich schon der stillen Betrachtung dar und setzten die Vorstellungskraft des Lesers in Gang, der das Gelesene mit seinem Wissen vergleichen oder in einem anderen, ebenfalls vor ihm liegenden Buch vertiefen konnte. Der Leser gewann Zeit, den Sinn der Worte auszukosten und ihrem Klang, den er ja kannte, in seinem Inneren nachzulauschen. Der Text, durch die Buchdeckel vor neugierigen Blicken geschützt, wurde zum Alleinbesitz des Lesers, zu seinem geheimen Wissensschatz, egal, ob er in der geschäftigen Schreibstube saß, auf dem Marktplatz oder ungestört in seiner Kammer."[40]

Das freilich galt nur für diejenigen, die des Lesens kundig waren. Zugleich enthielt diese kontemplative Art des Lesens ein durchaus nicht eindeutiges Disziplinierungsmuster, das bis heute in der westlichen Welt gültig ist. Der Preis des kontemplativen Lesens an den dafür gesellschaftlich vorgesehenen Orten war erzwungene Stille, das nicht zu durchbrechende Schweigen der großen öffentlichen Bibliotheken, war der Respekt vor der inneren Lesezone der anderen Leser und war zugleich Ausdruck jener ungeheuren Ehrfurcht vor dem geschriebenen Wort, welche die jüdisch-christliche Tradition hervorgebracht hatte.

Außerdem war jene Idee der Innerlichkeit des Lesens auch ein Unterscheidungsmerkmal zu jenem brachialen, lauten und ungestümen Umgang mit Texten, wie er auf den Volks- und Marktplätzen praktiziert wurde. Hier blieb die orale Tradition lebendig, war das Rufen, Zustimmen, Durcheinanderschreien der Ausdruck eines praktischen und pragmatischen Umgangs mit Sprache, mit Liedern, Sagen, Volksweisen und Zoten. Michael Bachtin hat darauf hingewiesen, dass jener freie, karnevaleske Umgang mit Literatur immer auch einen Zustand der Freiheit und Ungebundenheit bedeutete, ein Aufbegehren gegen die Furcht und ein Verlassen der Räume, in denen sich die Ansprüche der weltlichen und religiösen Macht manifestierten.

Besonders im Mittelalter waren es die Volksfeste und Feiertage, bei denen in der Öffentlichkeit nicht nur bestimmte Festrituale zelebriert wurden, sondern auch die Freude am Lachen, an der unmittelbaren Reaktion auf Gehörtes und Vorgetragenes sich zeigen konnte. „Während des ganzen Mittelalters sahen sich Staat und Kirchen genötigt, der Öffentlichkeit, der Straße größere oder kleinere Zugeständnisse zu machen. Übers ganze Jahr waren, begrenzt durch enge Festtagsdaten, kleine Zeitinseln verstreut, auf denen die Welt aus ihrer offiziellen Bahn gehen durfte – aber ausschließlich in der Schutzform des Lachens. Dem Lachen selber wurden kaum Grenzen gesetzt – sofern es Lachen blieb."[41]

Dieses Lachen gehörte in vielerlei Hinsicht zur mündlichen Tradition, die auch in späteren Jahrhunderten gegen das Verhalten des stillen, in sich gekehrten Lesens gerichtet war. Das Aufführen von Possen, Schwänken, das Vortragen von Liedern, Versen, das Weitererzählen von Zoten, Witzen und fabulierten Geschichten, die zugleich den Anspruch erhoben, Wahrheit zu sein, war ein Umgang mit Texten, der aus einem vollkommen anderen Verständnis im Umgang mit sprachlicher Verdichtung kam. Wurden im Prozess der Entwicklung des leisen Lesens gerade die Augenblicke der Absonderung gesucht, war der öffentliche Vortrag darauf ausgerichtet, Menschen im öffentlichen Raum miteinander zu verbinden, das Reagieren auf Texte miteinander zu teilen, das Lachen wie das Weinen. Kurzum, der Dialog rückte in das Zentrum, der öffentliche Dialog, die Wahrnehmung von verdichteten Wörtern in einem sozialen Raum. Hier ging es auch um einen speziellen Umgang mit Erinnerung und Selbstvergewisserung. Die Wörter eines Anderen wurden zu eigenen Wörtern. „Jedes literarische Wort empfindet mehr oder weniger stark seinen Zuhörer, spiegelt seine vorwegnehmenden Einwände, Bewertungen und Standpunkte. Außerdem hat das literarische Wort eine Empfindung für seinesgleichen, es spürt neben sich ein anderes literarisches Wort, einen anderen Stil"[42], schrieb Michael Bachtin. Im stillen Lesen teilt ein Einzelner diese Bezüge nicht mit anderen, sie verbleiben im Innenraum seiner eigenen Wahrnehmung. Sie sind zugleich gebunden an den Ort, an dem gelesen wird. Vorträge vor Massen, vor einer Ansammlung von Menschen benötigen daher auch andere Orte und Plätze. Der Marktplatz, in der Antike die Agora, die Straße, der Festplatz oder die Dorfmitte waren die Orte der Zuhörer, die brüllenden, durcheinanderrufenden Stätten des Zuhörens, die sich in ihrem Charakter fundamental von den Räumen des kontemplativen Lesens unterschieden.

Im Laufe der zivilisatorischen Entwicklung haben sich diese Orte immer mehr voneinander geschieden. Bis heute sind selbst die Plätze des öffentlichen Vortrags von Literatur im Grunde genommen Räume, die akustisch domestiziert werden.

Literarische Lesungen, Poesievorträge, literarisch-musikalische Veranstaltungen werden zumeist so inszeniert, dass eine gewisse würdevolle Spannung des Zuhörens gegeben ist. Sie finden in Buchhandlungen, Bibliotheken, Theatern oder Festsälen statt, zumeist in einer Inszenierung, die eine gewisse Erhabenheit und Ehrfurcht beinhaltet. Ausnahmen bilden hier die Poetry Slams oder die in Mode gekommenen Lesebühnen, in denen es weniger um die literarische Qualität der vorgetragenen Texte geht als vielmehr um ihre Stimulationskraft, das Publikum mitzureißen und Reaktionen hervorzurufen. Die Lesebühnen sind mitunter in Bars und Restaurants untergebracht; die Poetry Slams finden sogar in Musikclubs statt und betonen ihre Ferne zum konventionellen Literaturbetrieb. Undenkbar erscheint es daher bis heute, dass beim Vortrag von Texten, die einen bestimmten Anspruch an Qualität und Ästhetik stellen, laut gelacht, diskutiert und dazwischen gesprochen wird.

Seriöse Literaturveranstaltungen finden immer noch in gesellschaftlichen Räumen statt, die bereits vorab ein bestimmtes Verhalten des Zuhörens regulieren. Wenn auch bei großen Literaturfestivals Lesungen in Gefängnissen, Bordellen oder in Schwimmbädern zum Rahmenprogramm gehören, so ist gerade dieses Ausscheren aus den üblichen Topographien nichts weiter als eine Bestätigung derselben. Der Gegensatz wird als so groß empfunden, dass er sogleich als Innovation gilt. Erstaunlicherweise ist das Publikumsverhalten an diesen sogenannten *ungewöhnlichen* Orten meist ähnlich wie in einer Bibliothek oder einem Theater: andächtiges Lauschen. Der Ort dient lediglich als Rahmen. Die Inszenierung der Texte als *Literatur im Bildungsmilieu* verändert sich nur geringfügig. Die potentiellen Kräfte des öffentlichen Raums, das Zuhörverhalten zu beeinflussen, die Rolle des Lesers als Zuhörers wieder in seinen dialogischen Kapriolen wachzurufen, werden dabei kaum aktiviert.

Ein gutes Fallbeispiel ist in diesem Zusammenhang der jährlich im österreichischen Klagenfurt stattfindende, per TV-Zuschaltung übertragene Ingeborg-Bachmann-Literaturwettbewerb. Hier ist es dem Autor, der im Grunde nur seinen Text vorlesen soll, kaum möglich, einen sinnvollen Kommentar zu seinem eigenen Text abzugeben. Die übermächtige Jury dominiert die Deutungsprozesse. Geschweige denn kommt es zu wirklichen Interaktionen zwischen Publikum und Vortragendem. Die Bachtinsche Entfesselung des Lachens und des Dialogs ist hier schon per se unmöglich gemacht worden. Der Ort des öffentlichen Lesens – die TV-Arena – stellt Regeln auf, die kaum dialektische Überraschungen zulassen.

Statt Gelächter über die Regeln und Komplizenschaft mit den Texten und ihren Autoren verfolgt der Zuschauer eine Art Gladiatorenwettkampf im Raum der Literatur. Ziel ist das Gewinnen eines hochdotierten Preises; um ihn zu erlangen, muss der Autor sich durchsetzen, nicht nur gegen seine Mitkonkurrenten, sondern vor allem gegen eine Jury, die ihrerseits in der Pflicht steht, den *virtuellen Raum der Fernsehübertragung* mit Spannung und Leben zu füllen.

Nachdem der Text vorgetragen wurde, dürfen die Mitglieder der Jury sich über den Text äußern, ihn kritisieren und zerlegen, ohne dass dem Autor oder dem Publikum ein angemessenes Mitspracherecht gewährt würde. Das Vorlesen wird zum Schauplatz eines Sieger-Gewinner-Spieles, das aus dem Sport oder aus ökonomischen Zusammenhängen bekannt und eingeübt ist. Die Demütigung des Autors wird zum inszenatorischen Ereignis, die Preisverleihung zu einer Art dramaturgischer Krönung, die vor allem eine Trennlinie zwischen der Urteilskraft der Jury und der des Publikums zieht. Der öffentliche Raum, der hier der Literatur gewährt wird, erschafft einen Ort, der weder die Intimität des stillen Lesens noch die dialogische Kraftentfesselung eines lebendigen öffentlichen Zuhörens widerspiegelt. Es ist ein dürftiger Ort – und vielleicht ein Hinweis auf die Gründe, warum die häufigen Klagen über den Bedeutungsverlust von Literatur nicht ganz aufrichtig sind. Die Fähigkeit des Lesers, mitzusprechen, eine öffentliche Figur zu sein, die Energie zeigt, Freude, Wut, Ablehnung, Enthusiasmus, Entgleisung und Begeisterung, benötigt auch einen öffentlichen, einen vibrierenden Raum, der das ermöglicht. So lange die Tradition ehrfürchtiger öffentlicher Andacht gepflegt wird, kann sich der Sauerstoff eines echten Dialogs zwischen Lesern und Orten nicht entfalten.

Die Orte des Lesens wandeln sich innerhalb technologischer Entwicklungen mit großer Geschwindigkeit. Seit der Erfindung des Buchdrucks im 15. Jahrhundert haben sich die topographischen Möglichkeiten des Lesens immer stärker ausgeweitet: der Leser tauchte plötzlich an Orten auf, die bis dahin als Raum der Lektüre kaum genutzt wurden. In Kutschen, an Höfen, in den Bürgerstuben, an Posthalterstationen, schließlich auf Bahnhöfen, in Zügen, Omnibussen, Untergrundbahnen, auf den Rücksitzen von Automobilen, in Flugzeugen und Raumkapseln. Dadurch hat sich eine Kultur des *vibrierenden Lesens* entwickelt: das Unterwegslesen, die innere Versenkung mitten in der Bewegung. Die Lektüre, die uns vergessen lässt, wie weit eigentlich die Spanne von A nach B ist, die wir gerade zurücklegen; das Lesen als *Zeitzerstreuung*, als Ablenkung, Unterhaltung, vorbereitende Informationsgewinnung, als Wechsel in andere Welten, gerade dann, wenn wir reisen, vielleicht auch, wenn wir gezwungen sind, Orte zu verlassen, an denen wir uns gern noch länger aufgehalten hätten.

Der Spiegel und die Uhr

Jochen Hörisch hat in seiner „Geschichte der Medien" etwas augenzwinkernd den durchaus schlagkräftigen Gedanken geäußert, dass der Beginn der Neuzeit bei den meisten Historikern mit der Erfindung des Buchdrucks (1450) einsetzt. „Und nicht – um suggestive, aber kaum je diskutierte Alternativen zu nennen – mit der *Erfindung des Spiegels* (gegen Ende des 13. Jahrhunderts kommt man auf die Idee, Glas mit Blei zu hinterlegen) oder mit der Medien-Erfindung, die kurz vor Gutenbergs Erfindung die Zeit in der Tat neu strukturierte: mit der mechanischen Uhr."[43]

Die Erfindung des konvexen Spiegels (denn andere Spiegelarten gab es schon lange zuvor) und der Uhr haben auch für das Lesen eine entscheidende Bedeutung: sie zei-

Vor dem Spiegel

gen den Eintritt des modernen Menschen in neue Räume an.

Im Spiegel entdecken wir uns selbst in Form einer eigenartigen Utopie, wie Michel Foucault sagt. Einerseits ist es scheinbar die Wirklichkeit, die wir im Spiegel sehen, andererseits ist dieser Ort und dieser Mensch, die wir dort sehen, unerreichbar. Der Raum im Spiegel ist nicht zu betreten. Das kurze Straffen der ganzen Gestalt beim Vorbeigehen an einer Schaufensterscheibe, zu dem uns Spiegel manchmal verführen, lässt sich auch als Versuch der Utopie verstehen, ein anderer zu sein an einem anderen Ort. Den Menschen, den wir im Spiegel sehen, verändern wir ja nur für die Spanne Zeit, in der wir uns selbst erblicken. Dann fallen die gestrafften Schultern in ihren alten Zustand zurück.

Die Uhr als exakt teilendes Zeitmaß, sie wird zum Präzisionsinstrument der Moderne, die beispielsweise mit der Entwicklung des Verkehrs immer deutlicher Ankunfts- und Abfahrtszeiten bis auf die Minute regelt. Wir lesen, etwa in der Bahn, bis zur Ankunft am gewählten Ziel. Der Blick auf die Uhr gibt Auskunft, wie viel Zeit noch bleibt, ein Kapitel oder einen Absatz zu Ende zu lesen. Der Leser muss seine Lektüre den Fahrt- und Bewegungszeiten unterordnen, zumal im digitalen Zeitalter, wo die umfassende Mobilität sich in unzähligen Fahrplan- und Netzwerkverbindungen ausdrückt, die eine auf die Minute getaktete Arbeits- und Reisezeit widerspiegeln.

In diesen neuen Konstellationen der Selbstbeobachtung und der Zeitkontrolle hat das Lesen seine Zeitreserven und seine eigenen Spiegelräume neu entfalten müssen. Der Leser hebt seinen Blick vom Text auf und erblickt sich selbst im Spiegel eines Abteils, einer Busfensterscheibe oder einer Anzeigetafel, manchmal auch in der Scheibe eines plötzlich dunklen Computerbildschirms; der Blick auf die Uhr ermahnt ihn, wie viel Lektürezeit ihm noch verbleibt. Die Phantasie wird umstellt von immer neuen Umgebungen, wechselnden Straßenzügen und Landschaften.

Effi Briests Garten öffnet sich, während der Leser in einen U-Bahnschacht einfährt; Adalbert Stifters Hochwald zeigt seine auf vielen Seiten ausgebreiteten Pflanzendetails im Angesicht einer lang gezogenen Straßenschlucht, der Fluss Weichsel in Günter Grass' Blechtrommel wird sichtbar ausgerechnet während einer Busfahrt im amerikanischen Süden. Welche Sprünge und Bilderfluten hat hier das lesende Bewusstsein durchzumachen – und wie leicht gelingt es!

Das Lesen wird mühelos fertig mit der ständigen Umstellung auf reale und fiktive Landschaften. Spannender ist daher vielleicht die Frage, ob die Produktion der inneren Bilder von dieser veränderten Art des Lesens unberührt bleibt.

Wird ein Mensch, der in einer Großstadt aufgewachsen ist, gewohnt, Texte im elektronischen Licht eines E-books zu lesen oder in Zukunft gar durch das Glas einer Brille oder durch die leuchtenden Spuren von Schrift in der eigenen Haut, wird dieser Mensch nicht mit Stifters Waldbeschreibungen (sofern sie ihn überhaupt noch interessieren) etwas anderes verbinden als jemand, der noch seine Kindheit in der Nähe größerer Waldgegenden erlebt hat? Selbst das Straßengewirr und die akustischen Großstadtszenerien in Döblins Roman „Berlin Alexanderplatz" oder Hans Falladas Roman „Ein Mann will nach oben" zeigen dem Leser ein Berlin, das längst verschwunden ist, und dennoch wird bei ihm durch die exakten Angaben von Straßen, Plätzen und Bahnhofsvorplätzen das Gefühl einer Ähnlichkeit zur bestehenden Stadt hervorgerufen. Wird der Leser von heute nicht bei der Nennung des Rosenthaler Platzes ein Bild vor Augen haben, das grundsätzlich seiner Erfahrung gleicht? Muss er nicht ständig hin- und herspringen zwischen dem, was ihm erzählt wird, und dem, was er zu wissen glaubt, was er an vorgeprägten Bildern schon in sich trägt? Und selbst der Leser zeitgenössischer Werke wird im Raume der Beschreibung rasch merken, dass die Dauer des Erzählens, vor allem innerhalb von Stadt- und Landschaftsbeschreibungen, so fundamental langsamer ist als seine Fähigkeit, reale Plätze und Orte in sich aufzunehmen und zu speichern, dass er eigentlich verzweifeln müsste. Dennoch geschieht das Gegenteil: ihn bringt diese Langsamkeit nicht vom Lesen ab, sondern bindet ihn möglicherweise genau wegen ihr an die Lektüre. Das Lesen bleibt trotz jener der Wirklichkeit nachhinkenden Langsamkeit ein Faszinosum für viele Menschen, für manche sogar eine Lebensnotwendigkeit, auf die sie ungern verzichten würden.

Wahrscheinlich ist es gerade diese Langsamkeit des Erzählens und des lesenden Verarbeitens, die als eine Art Gegenbewegung zu den sich schneller drehenden Lebensgeschwindigkeiten begriffen werden kann.

Wenn früher für das Lesen Orte der Stille gesucht wurden, ist es heute vielleicht genau die schnelle Bewegung innerhalb unserer unruhigen Lektüren, die auf seltsamen Wegen wieder in diesen Raum der Stille führt. Edmond Jabès, der große poetische Analytiker des Lesens und Schreibens, ging dieser Spur immer wieder nach: „Welcher Bewegung, welcher Verweisung – oder Ausweisung – der Schrift haben wir die Bewußtwerdung jenes Unsichtbaren, jener Stille zu verdanken? Was noch ungesehen ist, was nach der Stille Stimme zu werden verspricht, fasziniert uns. Der Bereich der Schrift ist ein zwiefacher. Der Ort des Buchs ist für immer ein verlorener Ort."[44]

Das Krankenhaus als Ort des Lesens

So wie der Spiegel die Idee eines Raums und für Momente ein Selbstbild zeigt, das wir klar und deutlich vor uns sehen, ohne dass wir es im konventionellen Wirklichkeitsinn berühren können, so zeigt vielleicht auch das Buch (und in ihm die Schrift) die Möglichkeit einer Stille auf, die nie vollkommen zu lokalisieren ist und die dennoch eine Quelle der Kraft und Selbstvergewisserung für den Leser darstellt. Zugleich ist das Lesen, das sich von keinem Ort einschüchtern oder verdrängen lässt, einer der wenigen Räume einer komplexen Freiheit, in welcher der Begriff nicht ideologisch versandet. „Wäre meine Freiheit nicht im Buch, wo wäre sie sonst? Wäre mein Buch nicht meine Freiheit, was wäre es sonst?"[45]

Die Sprache des Buches entwickelt im Leser eine Gegenschrift, ein Mitsprechen und Mitdenken, das unmittelbare Rückwirkungen auf den Text und den Ort hat, an dem sich das Lesen vollzieht. Darin liegt nicht nur die stets präsente Freiheit, aus den Räumen fliehen zu können, in denen wir uns gerade aufhalten, sondern auch eine unmittelbare Veränderung unserer Wirklichkeit bzw. unserer Vorstellungen von ihr. Indem jemand liest, schreibt er mit; nicht nur am Text des Buches, das vor ihm liegt, sondern auch an der Selbstauskunftskraft des Ortes, an dem er sich befindet.

In jeder Leserbiographie gibt es einschneidende Lektüreerlebnisse, die sich in die Erinnerung eingraben. Das Lesen kann bestimmte (Schreckens-)Orte verwandeln oder zumindest mit neuen Assoziationen besetzen. Dazu gehören auch Krankenhäuser und Pflegeanstalten.

Es ist bei Autoren wie Michel Foucault, Roland Barthes und Pierre Bourdieu viel über die disziplinierende Macht dieser Orte geschrieben worden, über die Kontrollkräfte, die sich in diese Institutionen eingeschrieben haben, über die gesellschaftlichen Tabus, die in ihnen wirksam sind. Gleichzeitig sind es Orte geheimer, nicht erzählbarer Leseerfahrungen. Man denke nur an die tausenden anonymen Patienten, die nie Auskunft gegeben haben über die Rolle, die Bücher während ihres Krankheitsverlaufes gespielt haben. Ihre unerzählten Geschichten, Träume und Assoziationen bilden einen *Void*, einen leeren Raum, dem man sich nur durch Ahnung, Vorstellung und durch Einzelbeispiele nähern kann.

Das Krankenhaus und das Sanatorium, wie sie im 19. Jahrhundert existierten, wurden in der Literatur immer wieder beschrieben. Die Menschen, die ihr Schicksal durch diese Häuser bewegen müssen, sind meistens schwierige, aber auch bewundernswerte Helden. Weniger berühmt sind dagegen die realen Leser in den Krankenhäusern, die stummen Phantasiesucher, über die es scheinbar nicht viel zu erzählen gibt. Genauso gut könnte man freilich auf Gefängnisse blicken oder auf weniger spektakuläre Orte wie etwa die Pförtnerlogen großer Betriebe, auf Taxifonds, Hotellobbies, Bahnhofshallen, Flughafengates, Schulbibliotheken oder in die Wartezimmer von Arztpraxen. Überall lassen sich bei näherer Betrachtung Menschen und Situationen finden, die ein bedeutsames Verhältnis zwischen Person, Lektüre und Ort offenbaren.

Das Krankenhaus ist jedoch der dramatischste Ort, da hier die Möglichkeit eines dauerhaften oder endgültigen Aufenthalts die stärksten Effekte bewirkt – und die körperliche Dimension des Lesens am sinnfälligsten greifbar wird. Viele Kranke sind nicht mehr dazu in der Lage, sich auf Buchstaben zu konzentrieren; sie sind auf den Fernseher angewiesen oder darauf, dass ihnen jemand etwas vorliest. Der Kranke muss sich die Lektüre immer wieder erobern, er muss sie wollen und er muss wissen, was sie ihm bieten kann. Der Aufwand des Lesens braucht in diesem Zusammenhang triftige Gründe.

In den Forschungen zu Schmerzwahrnehmungen von Menschen[46] werden beispielsweise zunehmend die Ablenkungen untersucht, mit denen Patienten sich in ihrer jeweiligen Krankheitssituation zu helfen versuchen. Sind Bücher heute überhaupt noch ein wichtiges Medium in Krankenhäusern, die mittlerweile fast in jedem Zimmer einen prominent hängenden Fernseher haben? Wird möglicherweise die Rolle der Phantasie und inneren Bilderschaffung für Heilungsprozesse überschätzt? Hat zudem das Krankenhaus nicht seinen althergebrachten Schrecken verloren? Das sind medizinische Fragen, die hier nicht erörtert werden sollen. Möglich ist aber ein Blick in die Vergangenheit und das Verfolgen von Spuren, die auch heute noch Erhellendes über das Krankenhaus als *Beispielort* für existentielle Lektüreerfahrungen liefern.

Das Krankenhaus bzw. früher das Sanatorium waren nicht ohne Grund immer wieder wichtige literarische Orte wie etwa in Thomas Manns berühmtem Roman „Der Zauberberg".

Sie sind Orte, an dem der Blick auf die Kultur und die eigene Lebenssituation einen schwankenden Charakter erhält, eben, da sie Institutionen sind, die nicht nur als Orte der Heilung erscheinen, sondern auch als Räume der Todesnähe. Als literarische Stätten erinnern sie den Leser an die Krisenhaftigkeit einer Zeit; an die Möglichkeit, aus der Bahn geworfen zu werden, an die Gefangenschaft, in die der Einzelne durch eine Krankheit geworfen werden kann. (Thomas Mann bezeichnete das Sanatorium spöttisch als „hygienisches Zuchthaus".)

Um diese Bilder der Todesnähe möglichst fern zu halten, boten einige Sanatorien im frühen 20. Jahrhundert extra Hauszeitschriften an, um den Patienten eine Lektüre in die Hand zu geben, die das Positive ihres Aufenthalts betonte.

In dem im Jahre 1904 in Zürich eröffneten Bircher-Benner Sanatorium – in der damaligen Zeit ein ambitioniertes Alternativprojekt zu bestehenden Sanatorien – hatte man die ganze Architektur des Hauses so eingerichtet, dass die Patienten möglichst nicht in Versuchung gerieten, sich mit negativen Gedanken zu beschäftigen. Zudem gab es als Speziallektüre eine Hauszeitschrift, die den bezeichnenden Titel „Der Wendepunkt" trug. Auf ihr war die Zeichnung eines Patienten abgebildet, der einen dunklen Vorhang aufreißt und nach draußen ins gleißende Licht blickt. Die Zeitschrift sollte jene Prinzipien versinnbildlichen, die das Haus als fortschrittliches Sanatorium zu vertreten wünschte:

„Zu einer kulturellen Landschaft wurde das Sanatoriumsgelände nicht allein durch die bloße Häufung gesundheitsrelevanter Merkmale. Wesentlich war zudem ihre Struktur. So waren viele der gesundheitlichen Orte wie auch Praktiken von innen nach außen, also in Richtung auf die zentralen naturheilkundlichen Elemente Licht, Luft und Sonne, gerichtet, nicht nur die diversen Gesundheitspraktiken wie der ritualisierte morgendliche Spaziergang. Die Hauszeitschrift ,Der Wendepunkt im Leben und Leiden' machte die gesundheitliche Denkrichtung ,aus dem Haus in Freie' über mehrere Jahre im Titelsignet explizit."[47]

Die Kranken sollten körperlich wie geistig auf ihre Heilung eingestellt werden.

Seit der Antike gab es diese Konzepte des seelischen Ausgleichs, bei denen der Kranke nicht nur körperlich therapiert wurde, sondern auch seine Seele mit positiven Eindrücken versorgt werden sollte. (Man denke hier an eines der ersten Krankenhäuser der Geschichte überhaupt auf der griechischen Insel Kos, wo die Kranken in sogenannte Schlafkammern gelegt wurden und beim Erwachen auf Bäume, Hügel und auf die lichtdurchflutete Küste von Halikarnassos blickten.)

Dem Lesen als Bestandteil des langen, oftmals von stupiden Ritualen bestimmten Alltags der Kranken kam erst spät eine besondere Bedeutung zu, jedoch nicht im Sinne einer Anerkennung seiner besonderen Kräfte, sondern als Bereitstellung von Büchern bzw. in Form von Krankenhausbibliotheken. Allzu oft funktionieren diese Bibliotheken jedoch auf Spendenbasis und sind in ihrem Angebot nicht auf die Bedürfnisse der Kranken abgestellt. Es gibt Bücher. Immerhin. Das muss reichen.

Zentraler Ort des Kranken war das Bett. Bis heute bildet es den Mittelpunkt von Patientenzimmern. Das Bett war das Möbelstück, das symbolisch zum Kranken gehörte, sein neuer Lebensort und zugleich der schmale Raum für seine inneren Fluchten und Träume. In psychiatrischen Einrichtungen war es zugleich ein Ort totaler Überwachung.

Ferienfreizeit im Waldheim der Inneren Mission Altenkirchen

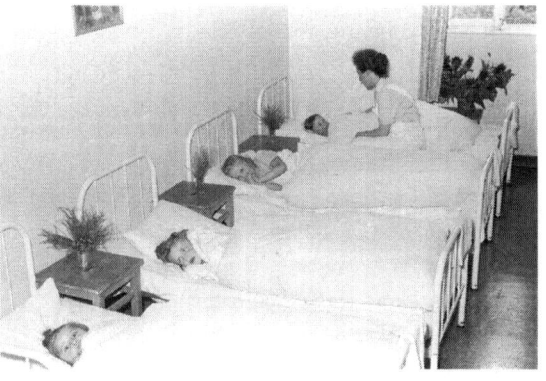

Im 19. Jahrhundert wurde dem Verbleiben des Patienten im Bett eine zentrale Rolle zugewiesen. Bis heute ist die Formulierung „Du solltest das Bett hüten!" eine gängige Vokabel, die aufkommt, wenn jemand Krankheitsanzeichen zeigt und ein gutgemeinter Ratschlag gegeben werden soll.

Die Mediziner des 19. Jahrhunderts sahen im Bettaufenthalt jedoch noch weitaus mehr, nämlich die entscheidende Funktion im Prozess des Heilwerdens. Besonders hinsichtlich psychisch Erkrankter wurde die Order ausgegeben, dass „aufgeregte Geisteskranke, sowohl melancholisch Beängstigte als halluzinatorisch Verwirrte und ganz besonders maniakalisch Erregte auf ärztliche Anordnung und bei geeigneter Wartung ruhig im Bett bleiben."[48]

Das Liegenbleiben im Bett wurde als Zwangsmaßnahme dringend empfohlen; zugleich wurde dafür gesorgt, dass sich der Patient oder die Patientin an diese Maßnahme hielt, indem man rund um die Uhr Personal abstellte, das vor allem darauf achten sollte, dass die Patienten das Bett unter keinen Umständen verließen, jedenfalls nicht außerhalb der dafür vorgesehenen Zeiten.

Die Kulturwissenschaftlerin Monika Ankele hat zu diesem Thema viele Quellen recherchiert, die dies offenkundig machen, etwa die „Wärter Instruction" der Heidelberger Klinik, in der es in einem Erlass vom 4. Oktober 1882 hieß: „Da die Kranken stets beobachtet sein müssen, darf kein Wärter, keine Wärterin die ihnen anvertraute Abteilung verlassen, ohne daß andere an ihre Stelle getreten. (...) Während der Nachtwache hat das Wartpersonal auf das sorgfältigste alle Vorgänge in den Schlafsälen zu beobachten. Bei besonderen Vorgängen ist der Oberwärter bzw. Oberwärterin oder der Arzt sofort zu benachrichtigen (und außerdem sind besondere Ereignisse in das Wartbuch einzutragen)."[49]

In dieser Umstellung fühlten sich viele Kranke oft einsam, isoliert und hilflos. Ihre kreativen und ästhetischen Bedürfnisse, etwa nach Büchern, spielten zu dieser Zeit kaum eine Rolle.

Ankele schildert das Fallbeispiel der 22-jährigen Anna Schönstein, die 1910 mit der Diagnose Epilepsie in die psychiatrische Anstalt Werneck eingeliefert worden war. In Form eines Gedichtes beschrieb sie das Gefühl von Verlassenheit, das sie in der Anstalt überkam: „Wie hart ist es fern von daheim/ In einem fremden Hause, krank zu sein. Ohne eines von seinen Lieben um sich zu haben./An deren Kraft man sich kann erlaben."[50]

Aufschlussreich ist hier die Form des Gedichtes der Anna Schönstein, das Bedürfnis, sich in einer literarischen

Form auszudrücken und somit den Raum der Schrift, der Lektüre und des Selbstschreibens aufzurufen. Gefangen in der Kontrolle der ständigen Überwachung und gebunden an das Bett, war zwar das Schreiben und Lesen für viele Patienten eine der wenigen Möglichkeiten, über ihre Situation nachzudenken, sich einen Freiraum in ihr zu schaffen, aber es gab dafür kaum förderndes Verständnis von ärztlicher Seite.

Das Bett erscheint in diesen Biographien als ein existentieller Ort des Lesens, als die einzige Möglichkeit, jene den ‚normalen‘ Menschen vorbehaltenen Tätigkeiten, Verrichtungen und Ablenkungsmechanismen in einem „Mikroraum“[51] durchzuspielen, wie Roland Barthes es nannte. Die Patienten und Patientinnen waren auch als Leser an diesem Ort fremdbestimmt, zugleich bot er eine Freiheit, die sich den Augen der Kontrolle entzog.

Es bleibt, ähnlich wie die Geschichte der Träume von Verfolgten und Exilanten in politischen Krisenzeiten, eine unerzählbare Geschichte, wie diese Menschen ihre Lektüre aufgenommen haben, wonach sie sie aussuchten (sofern sie überhaupt eine Auswahl hatten), welche Formen der Tröstung, Flucht oder Ängstigung sie aus diesen Büchern empfingen.

Jedenfalls lässt sich vermuten, dass das Krankenhausbett als Lektüreort vollkommen andere Lesererlebnisse hervorgebracht hat als gewöhnliche Umstände: „Einen Großteil der Zeit verbrachten viele von ihnen (die Patienten, *Anm. des Autors*) im Bett: dort schliefen und aßen sie, dort beschäftigten sie sich mit ihren Handarbeiten, schrieben Briefe, lasen Bücher; von dort aus beobachteten sie das Geschehen, kommunizierten mit Mitpatientinnen, Ärzten und Wärterinnen und versuchten in dem Raum, der für alle einsehbar war und in dem alles beobachtet werden konnte, ein Stück Intimität und Privatheit für sich zu gewinnen."[52]

Man könnte hinzufügen, dass es auch eine unsichtbare ästhetische, fiktionale Welt gab, die sich diese Menschen gerade im Bett erschlossen und die ihnen möglicherweise half, ihre Situation auszuhalten. Und ist diese Welt nicht noch immer ein Rätsel? Was wissen wir von den geistigen Fluchten von Menschen, die in Krankenhausbetten liegen? Selbst eine empirische Befragung kann hier nur halbe Wahrheiten ans Tageslicht bringen.

Auch das Verhältnis von Kindern und Büchern im Krankenhaus gehört in dieses Gebiet. Bis heute ist die Einweisung eines Kindes, das für längere Zeit im Krankenhaus bleiben muss, eine mit Angst besetzte Vorstellung. In unzähligen Filmen und literarischen Werken wird diese Situation als Schreckensszenario vorgeführt. Das Krankenhaus als gefährlicher Ort, als tabuisierte Zone moderner westlicher Gesellschaften taucht in diesem Zusammenhang als kultureller Schauplatz auf, an dem Kinder frühzeitig einen Reifegrad entwickeln, der den Leser/Zuschauer in Erstaunen versetzt.

Die kindliche Naivität liefert dann häufig eine Weisheit gegen den Tod, indem das Kind mit literarischer Einprägsamkeit keine Furcht zeigt, sondern sich den drohenden Gefahren seiner Krankheit stellt, indem es zum Beispiel den Tod als „Verwandlung" statt als Ende begreift und entsprechend beeindruckende Sätze spricht. „Ich gehe weiter, nur ein wenig weiter, (…) ich war für ein paar Jahre dein Begleiter, (…) doch jetzt gehe ich weiter", heißt es etwa in einem Lied des christlichen Liedermachers Manfred Siebald, das häufig wegen seiner einfachen, fast kindlichen Logik bei Beerdigungen von Kindern gespielt wird.

So häufig dieses Motiv immer wieder in Filmen und Büchern wiederholt wird, so entbehrt es doch nicht einer gewissen Realitätsnähe. Kinder bewerten das Drohende anders. In der Tat kann man in vielen Fallbeispielen aus der Praxis beobachten, dass Kinder im Umgang mit Krankheit und Tod einen symbolischen, bildhaften Zugang haben. Sie übersetzen sich ihre Ängste in Bilder – und sie erzählen davon. Das berührt auch ihr Verhältnis zu Geschichten, Sagen und Märchen, die sie freilich immer häufiger nicht als Leser, sondern als TV- oder Games-Konsumenten kennen lernen.

Wenn in Märchen von Verwandlungen die Rede ist, etwa wenn aus Kindern plötzlich Zauberer werden (wie es in den populären modernen Manga-Comics aus Japan häufig der Fall ist), hat dies für die Wahrnehmung eines Kindes in einer Krankheitssituation, zumal an einem Ort wie dem Krankenhaus, unter Umständen eine wichtige Bedeutung. Bei schwerkranken Patienten, gerade bei Kindern, sind Bilder von Verwandlungen bekannte symbolische Ebenen, um die Angst vor dem Tod zu transformieren. Aber auch das Vorbild eines Helden, eines magischen zumal, setzt Phantasiekräfte frei, die aus dem Zustand der Krankheit wieder einen der Gesundheit machen, zumindest in der Imagination. Zudem entfalten literarische Figuren innerhalb von Krankenhäusern neue Figurationen. Das Märchen von einem der auszog, das Fürchten zu lernen, Alice im Wunderland, der Herr der Ringe, Harry Potter und sein Kampf gegen dämonische Kräfte aus der Dunkelheit... Müssen sich nicht innerhalb des Krankenhauses Leseweisen in diese Geschichten eintragen, die an einem anderen Ort vollkommen unterschiedlich ausfallen würden?

In modernen Krankenhäusern schenkt man dieser Fähigkeit von Literatur immer größere Aufmerksamkeit.

Alice im Wunderland

Das Lesen wird dabei nicht nur als Raum der Ablenkung vom Ort verstanden, sondern auch als Stimulierung der Kinder, selbst Auskunft zu geben, sich mit Hilfe von Geschichten, Bildern und eigenen Assoziationen zu öffnen und das eigene Erzählen in Gang zu setzen.

Der Ort des Krankenhauses ruft bei den Patienten ein anderes Verhältnis zum Lesen hervor. Das berührt die alte Vorstellung des wieder Heil-Werdens durch das Erzählen, das in diesem Fall aufs engste mit dem Lesen verknüpft ist. Walter Benjamin weist in seiner kleinen Skizze „Erzählung und Heilung" eindrücklich darauf hin: „Die Heilung durch Erzählung kennen wir schon aus den Merseburger Zaubersprüchen (...) Auch weiß man ja, wie die Erzählung, die der Kranke am Beginn der Behandlung dem Arzte macht, zum Anfang eines Heilprozesses werden kann. Und so entsteht die Frage, ob nicht die Erzählung das rechte Klima und die günstigste Bedingung manch einer Heilung bilden mag. Ja, ob nicht jede Krankheit heilbar wäre, wenn sie nur weit genug – bis an die Mündung – sich auf dem Strome des Erzählens verflößen ließe?"[53]

Das Erzählen, das hier angesprochen wird, meint nicht nur das mündliche Erzählen, sondern eben auch das Lesen. Aus ihm lösen sich Bilder und Symbole, die dem eigenen Erzählen – jenem, das sich selbst vertraut – einen anderen Boden verschaffen. Daher benötigen Kinder die Anwesenheit von Geschichten, um sich orientieren zu können, gerade in Krankenhäusern. Da ihnen die Einordnung institutioneller Strukturen, Rituale und Abläufe nur eingeschränkt möglich ist, müssen sie mit ihrer Phantasie ersetzen, was durch Vernunft und Ratio dem Erwachsenen zur Verfügung steht. In diesem Zusammenhang ist ihre Gabe, die Nähe von Geschichten und symbolischen Bildern als heilsam zu empfinden, immer auch ein Sich-Wehren gegen die Institution, ein Reservoir an Verhaltensmöglichkeiten, das noch nicht auf seine Effizienz durchgeprüft wurde. Daher sind Kinder als Leser in Krankenhäusern ein Beispiel für die Macht der Lektüre, Wirklichkeit anders aufscheinen zu lassen, Orte zu verwandeln und der Phantasie einen Spielraum zu eröffnen, der in anderen gesellschaftlichen Zonen längst zum leblosen Bildungsmechanismus verkommen ist.

Hier sei mit Blick auf Krankenhäuser als Orte des Lesens noch auf eine Figur verwiesen, die für das hier besprochene Thema einiges Erhellende bieten kann: den *fremden Patienten*. Für ihn gibt es einen doppelten Ortswechsel: herausgerissen aus seinem Land und seinen vertrauten kulturellen Bezügen, kommt er in ein Krankenhaus in einer anderen Kultur. Auch er ist, ähnlich wie das Kind, häufig nicht in der Lage, die Regeln der Institution, in die er geraten ist, sofort zu verstehen. Neben der eigenen Krankheit oder Verletzung erlebt er eine Wirklichkeit, die er erst entschlüsseln muss, die sich aufdrängt und mächtig ist.

Besonders in westlichen, demokratischen Staaten geschieht es immer wieder, dass Kriegsflüchtlinge und Kriegsopfer eingeflogen und in Krankenhäusern behandelt werden (häufig aus Ländern, in denen der Krieg direkt oder indirekt genau von den Staaten, die Hilfe anbieten, überhaupt erst angezettelt wurde.) Oft werden sie mit Hilfe eines Übersetzers behandelt, der dem Arzt die Schmerzensbeschreibungen übersetzt und die Symptome schildert.

Es ist leicht vorstellbar, wie diese Menschen sich fühlen. Umgeben von einer Sprache, von Kauderwelsch, das sie nicht verstehen, beschäftigt damit, ihre Schmerzen auszuhalten, kommen sie in ein Niemandsland, dessen Rituale sie nicht begreifen, dessen Abläufe ihnen fremd erscheinen müssen und dessen Behandlungsprozeduren sich ihnen nur notdürftig erschließen. Welche inneren Fluchten können diese Menschen für sich finden?

Kaum eine Krankenhausbibliothek in Deutschland hatte etwa während des Kosovokrieges Musikkassetten, geschweige denn Bücher in albanischer oder serbischer Sprache parat, obgleich viele Opfer dieses Krieges in Deutschland behandelt wurden. Kommen die Flüchtlinge aus afrikanischen Staaten oder aus Afghanistan, ist die Unmöglichkeit einer Lektüreerfahrung noch offensichtlicher. Wie haben diese Menschen aber den Ort ohne jede eigene kulturelle Rückbindung erfahren? Freilich wirkt es fast komisch, wenn man angesichts einer physischen Notsituation nach Büchern fragt; andererseits zeigt sich genau an diesem Punkt, dass das Lesen bzw. das In-Kontakt-Kommen-Mit-Fiktionen in der konventionellen Wahrnehmung keine existentielle Bedeutung in unserem Kulturkreis besitzt.

Der fremde Patient, der weder der Sprache des Gastlandes mächtig ist noch dazu in der Lage, an irgendeiner Form der Ablenkung oder der fiktionalen Flucht innerhalb der Kulturgüter des fremden Landes teilzunehmen, wird dazu gezwungen, Patient zu sein, reine Physis, abwartend und dankbar, dass geholfen wird. Genau hier aber würde sich bemessen lassen, wie viel Bedeutung eine Kultur Büchern und Texten zuschreibt, wenn man die Frage erhebt, ob es nicht geboten wäre, dem Gedanken der Heilung auch in diesem Bereich Rechnung zu tragen. Möglicherweise ist das ein entbehrlicher Luxus – es wäre dann aber auch der entbehrliche Luxus des Lesens und inneren Mitschreibens, auf den die westliche Kultur über so lange Zeiträume hinweg so stolz gewesen ist.

Vertraute, unvertraute Bilder

Jeder Leser kommt aus einer bestimmten Landschaft, in der sein ureigener Bildervorrat entstanden ist bzw. die Fähigkeit, sich überhaupt etwas vergleichend und gestaltend vorzustellen. Diese Landschaften liefern uns unsere ersten räumlichen Bilder, sie begleiten uns, dringen in die Träume ein und sind nur schwer abzuschütteln. Die Straße, in der wir groß wurden, Blicke aus dem Fenster, Wiesenformationen, ein Himmel, der für immer eine bestimmte Weite zu haben scheint...

In den verschiedenen Nationalliteraturen der Welt werden daher auch immer wieder typische Landschaften beschrieben, um auf etwas dem Leser Vertrautes anzuspielen, um so etwas wie Identitätsempfinden überhaupt erst zu ermöglichen. In der deutschen Literatur waren es über Jahrhunderte der Wald, das vom Krieg verwüstete Land, das Dorf oder die bürgerliche Stadt, die den Hintergrund vieler Texte bildeten. Die Leser oder Zuhörer fanden Bilder von Landschaften aufgerufen, die sie kannten. Es waren im wörtlichen Sinn *Schauplätze*.

Von Walther von der Vogelweides Gedichten, die den Sänger unter einem Baum sitzend zeigen, bis hin zu Annette von Droste-Hülshoffs Erzählung „Die Judenbuche", in der ein westfälisches Dorf zum geheimnisumwitterten Mordschauplatz wird, von den lauten Marktplätzen des Till Eulenspiegel bis zu den stimmendurchfluteten Berliner Hinterhöfen Kurt Tucholskys oder Alfred Klabunds, von den Beschwörungen der Merseburger Zaubersprüche bis zu den magischen Gedichten Johannes Bobrowskis und Sarah Kirschs zieht sich eine Kette von Landschaften, die dem Leser Bilderräume eröffnen, die ihm bekannt sind, in diesen Fällen dem deutschsprachigen Leser, denn in der Übersetzung verschwindet dieser Raum weitestgehend und verwandelt sich in das Bilderfeld einer anderen Kultur.

Dabei änderten sich natürlich mit dem Zeitverlauf die realen Landschaften – ohne dass die Landschaften der Texte diesen Wandel mit vollzogen – mit zunehmendem Zivilisationsprozess immer schneller und radikaler.

Kurt Tucholsky hat darauf ironisch in seiner Ballade „Der alte Fontane" angespielt, in der er erst die Kaiserzeit der achtziger Jahre des 19. Jahrhunderts aufruft, um dann den alten Fontane als Toten vor die germanische Weltenesche treten zu lassen, wo er den Göttervater Odin bittet, ihn noch einmal, dreißig Jahre nach seinem Tod, als

Besucher heim in die Mark zu schicken: „Tick, tick./ Dreißig Jahre sind ein Augenblick. (…) Und so westwärts kommt er nach Berlin./ Da ist ein Schleichen und Drehen und Schieben,/ Wo ist das alte Berlin geblieben?/ Einer drängt immer den andern weg:/ ‚Ham Se nich greifbaren Schweinespeck?'/ Und ein Dicker steht mitten auf dem Damm/ Und philosophiert über Pökelkamm./ Sie treten sich an die Schienenbeine,/ Die jüngeren Herren spielen ‚Meine – Deine',/ Sie verkaufen Frauen und Gold und Eier/ Und alles um die paar lumpigen Dreier./ Golden leuchtet ein Kirchturmknopf…/ Und der Alte schüttelt schweigend den Kopf,/ Freiwillig kürzt er den Urlaub ab,/ In wilde Karriere fällt sein Rückzugstrab./ Sein Rückmarsch ist ein verzweifeltes Fliehn./ ‚Wie war es?' fragt teilnahmsvoll Odin./ Und der alte Fontane stottert beklommen:/ ‚Gott, ist die Gegend runtergekommen.'"

Die Landschaften der Literatur ändern sich nicht im Text, wohl aber in der Wahrnehmung ihrer Leser. Gleichzeitig sind sie Erinnerungen an das Verschwundene, Gefäße einer besonderen historischen Wahrnehmung von Raum. Welche Folgen hat das aber für den Leser? Wie nimmt er diese Veränderung wahr?

Wagen wir an dieser Stelle ein kurzes Gedankenspiel.

Eine Flugreise in die USA wird unternommen. Ins Gepäck wandert die Novelle „Der Heilige" des Schweizer Schriftstellers Conrad Ferdinand Meyer. Erst kurz nach dem Start kommen wir dazu, das Buch hervorzuziehen und die ersten Zeilen zu lesen, während draußen vor den Bullaugen schon das Wolkenmeer aufscheint.

Wenn wir während des Transkontinentalfluges den Beginn des „Heiligen" lesen, dann sind wir nicht nur mit einer meisterhaften literarischen Beschreibung des Einzugs in eine Stadt konfrontiert, sondern mit einer doppelten

Iljuschin Il-14

historischen Perspektive. Meyers Novelle, 1878 begonnen, spielt im Zeitalter Heinrichs II. von England. Seine Beschreibung ist also bereits ein Rückblick auf eine Zeit, die er aus eigener Anschauung nicht kannte.

Zurückgelehnt in den Flugzeugsitz rufen wir uns Bilder aus dem 19. Jahrhundert über eine weit zurückliegende Epoche (es geht um das Jahr 1191) ins Bewusstsein. Hoch in den Lüften, sehr weit weg vom 19. Jahrhundert, weiter noch vom 12. Jahrhundert, entfernen wir uns nicht nur von den historischen Räumen, sondern auch von unserer gewohnten Sphäre. Das Lesen im Flugzeug macht uns sprichwörtlich bodenlos. Unser Geist vergisst die Geschwindigkeit, das Risiko der Bodenferne, das Eingeschlossensein in das Flugzeug, er hat keine bestimmte Landschaft um sich, nur den Text, die Konzentration auf das Lesen und die Bilder, die aufsteigen.

Die Orte und Landschaften, von denen uns Meyer im „Heiligen" berichtet, sind plötzlich merkwürdig nah und fern zugleich. Vielleicht befindet sich unser Flugzeug gerade irgendwo über einigen Gebirgszügen Mitteleuropas, vielleicht auch schon in der Nähe des Atlantiks, gerade dann, wenn wir den Einzug des Helden in die Stadt Zürich mit den lesenden Augen hoch über den Wolken verfolgen:

„Langsam fallend deckte der Schnee das blache Feld und die Dächer vereinzelter Höfe rechts und links von der Heerstraße, die aus den warmen Heilbädern an der Limmat nach der Reichsstadt Zürich führt. Dichter und dichter schwebten die Flocken, als wollten sie das bleiche Morgenlicht auslöschen und die Welt stille machen, Weg und Steg verhüllend und das wenige, was sich darauf bewegte. Jetzt erscholl auf dem Holzboden der bedachten Brücke, welche sich unfern der Stadt über den Sihlstrom legt, der dumpfe Hufschlag eines Pferdes, und unter dem Sparrenwerk der finstern, den Stadtmauern zugewendeten Öffnung erschien ein Reiter. Seine feste Gestalt war so warm in einen grobwollenen Mantel gewickelt und er hatte sich dessen Kapuze derart über den Kopf gezogen, daß von seiner Person kaum mehr als ein breiter grauer Bart zum Vorschein kam. Hart hinter dem starken Gaul von heimischer Rasse trabte mit beschneitem Rücken und melancholisch gesenkter Schweiffahne ein großer Pudel. Der polternde Widerhall des Hufes in der Holzwölbung weckte die drei Reisegefährten aus dem Halbschlummer, den Frost und Schnee über sie gebracht hatten, und stellte ihnen Tor und Herberge in nahe Aussicht. Ersteres wurde in raschem Trotte erreicht. Unter dem niedrigen Torbogen warf der Reiter seine Kapuze zurück, schüttelte die Flocken vom Mantel, rückte sich die Pelzmütze aus der energischen Stirn und ritt in guter, trotz der Last seiner Jahre kriegerischer Haltung durch den Rennweg, die erste am Fuße der kaiserlichen Pfalz sich hinziehende Straße. Es war der drittletzte Tag des Jahres der Gnade 1191, denn der Reisende hatte die Gewohnheit, Zürich zwischen Weihnachten und Jahresende heimzusuchen."[54]

Als reisende Leser begegnen wir während der Lektüre einem anderen Reisenden, dessen Gefährt nicht das Flugzeug ist, sondern das Pferd. Seine Ankunft ist von Müdigkeit und Erschöpfung überschattet, dem Gefühl, aus einer gestaltlosen Schneewelt in die fest umrissenen Konturen der Stadt Zürich zu kommen.

Hier können wir Überschneidungen zu unserer eigenen Umgebung finden, hier beginnen Assoziationen, die neben dem laienhaften oder professionellen Interesse am Text eine Bindung herstellen. Das *Lesen in der Luft* wird zum Gegenbild; der Text des 19. Jahrhunderts wird zum Bezugspunkt für uns Reisende im 21. Jahrhundert. Wir lesen im Raume einer ständigen Entfernung; je schneller wir reisen, desto deutlicher wird diese Erfahrung.

Dabei hilft uns, dass im Text immer noch Zeichen auftauchen, denen wir mit vertrauten Bildern antworten können. Die Nennung des Flusses Limmat und der Stadt Zürich verweisen auf reale, immer noch existierende Räume. Die Grundtopographie, so verändert sie auch in der Realität sein mag, bildet in dem Fall eine innere Landkarte ab, auf der wir uns orientieren können, die uns *kulturelle Assoziationen* ermöglichen, die unsere Fähigkeit der bildhaften Erinnerung stimulieren. Wir befinden uns tatsächlich in einem *schwebenden Raum*, den wir selbst gestalten und verändern. Er ist uns vertraut und zugleich unendlich weit entfernt.

Gerade als Flugzeugpassagier ist man eine eigenwillige Verkörperung der klassischen Figur des Lesers. Die Geschwindigkeit, mit der wir uns fortbewegen, können wir ebenso wenig begreifen oder kontrollieren, wie wir das Gefühl der Fremdheit überwinden können, welches uns das historische Aroma des Textes entgegenhält. Anders als in anderen Fortbewegungsmitteln können wir das Flugzeug in absehbarer Zeit nicht verlassen. Wir können es nicht anhalten, die Reise nicht unterbrechen, wenn es uns gerade einfällt. Fernab unserer vertrauten Umwelt lesen wir in einem kaum bewussten Geschwindigkeitsrausch, folgen der Geschwindigkeit des Reiters und kommen dabei jener rasenden Stille nahe, die Edmond Jabès im Lesen lokalisiert. Noch einmal sei sein Hinweis zitiert: „Welcher Bewegung (...) der Schrift haben wir die Bewußtwerdung jenes Unsichtbaren, jener Stille zu verdanken? Was noch ungesehen ist, was nach der Stille Stimme zu werden verspricht, fasziniert uns. Der Bereich der Schrift ist ein zwiefacher. Der Ort des Buchs ist für immer ein verlorener Ort."

Der fremde Ort

Der Rabbi von Bacherach

Bücher sind manchmal wie Städte.

Man betritt sie und erinnert sich an Vertrautes, folgt Straßen und Pfaden, die einem spontan nahe kommen, oder man stößt auf ein vibrierendes Labyrinth aus Fremdheit. So tauchen in Texten mitunter „fremde Orte" auf, zu denen man kaum Assoziationen findet, weil man als Leser aus einem anderen Kulturkreis kommt oder weil man schlichtweg die Landschaften und Architekturen, auf welche ein Buch anspielt, nie in seiner eigenen Kultur kennen gelernt hat. Das Fremde kann dann zum Zauber oder zur Verwirrung werden.

Sehr gut zu beobachten ist dieses Wandern in einer *textlichen Stadt* in Heinrich Heines Romanfragment „Der Rabbi von Bacherach". Im Unterschied zu vielen anderen seiner Werke ist dieses Buch beim deutschsprachigen Lesepublikum nie wirklich populär geworden. Heine erzählt darin fröhlich von einer mittelalterlichen jüdischen Stadt, von der untergegangenen Welt eines opulenten Judentums mit Kerzenlichtern, engen Gassen und lebendigem Schwatzen, eben mit kräftiger romantischer Färbung.

Die Kultur des deutschen Judentums wird hier allerdings nicht als breites Panorama entfaltet, sondern an einem Einzelbeispiel. Dem Leser wird die Geschichte eines alten jüdischen Ghettos erzählt, wobei viele jüdische Lebensgewohnheiten vorgestellt werden, Anspielungen, Verweise, kulturelle Besonderheiten, die schon zum Zeitpunkt des Erscheinen des Buches vielen nicht-jüdischen Lesern aus eigener Anschauung kaum vertraut waren. Erst recht heute, wo viele Zeugnisse jüdischen Lebens in Deutschland nur noch als Rekonstruktion, in Bildern und Ausstellungsformaten, auftauchen, erscheint Heines Text vor allem für Philologen interessant zu sein und kaum noch für ein breites Lesepublikum. Die „fremden Orte" des Textes sind offensichtlich nur noch in einer historischen Perspektive faszinierend, nicht aber als Entdeckungen für den hungrigen lesenden Geist.

Aufschlussreich bleibt dabei, dass Heine das Buch beginnt, indem er ein deutsches Idyllenbild zeigt, so wie es auf vielen prächtigen Ölgemälden der Rheingegend im 18. und 19. Jahrhundert zu sehen ist: Eine heitere Flusslandschaft, eine helle Stadt am großen Strom, eine Ruinenansicht, die durch den Text langsam wieder mit Leben gefüllt wird und schließlich der Schwenk auf die dunkel eingefärbten Orte der Judengemeinde:

„Unterhalb des Rheingaus, wo die Ufer des Stromes ihre lachende Miene verlieren, Berg und Felsen, mit ihren abenteuerlichen Burgruinen, sich trotziger gebärden, und eine wildere, ernstere Herrlichkeit emporsteigt, dort liegt, wie eine schaurige Sage der Vorzeit, die finstre, uralte Stadt Bacherach. Nicht immer waren so morsch und verfallen diese Mauern mit ihren zahnlosen Zinnen und blinden Warttürmchen, in deren Luken der Wind pfeift und die Spatzen nisten; in diesen armselig häßlichen Lehmgassen, die man durch das zerrissene Tor erblickt, herrschte nicht immer jene öde Stille, die nur dann und wann unterbrochen wird von schreienden Kindern, keifenden Weibern und brüllenden Kühen. Diese Mauern waren einst stolz und stark, und in diesen Gassen bewegte sich frisches, freies Leben (...) Eine am meisten vereinzelte, ohnmächtige und vom Bürgerrechte allmählich verdrängte Körperschaft war die kleine Judengemeinde, die schon zur Römerzeit in Bacherach sich niedergelassen und späterhin, während der großen Judenverfolgung, ganze Scharen flüchtiger Glaubensbrüder in sich aufgenommen hatte."[55]

Heine führt den Leser in diese alte jüdische Welt ein, indem er mit Bildern spielt, die als typisch deutsche Landschaftsschilderungen seiner Zeit durchgehen können, um dann in eine Welt einzutauchen, die mit diesen vertrauten Bildern überhaupt nichts mehr zu tun hat. Kulturgeschichtlich gesehen, wird hier eine Grenze nachgezogen, die sich über Jahrhunderte hinweg in den Stadtstrukturen manifestiert hatte.

Die Juden lebten in einem besonderen Bezirk, im Ghetto oder in abgetrennten Stadtteilen, und obgleich man mit ihnen zusammenlebte, sie ein Teil der Stadtkultur waren, blieben sie Fremde und Ausgegrenzte. In Krisenzeiten waren sie häufig die ersten, auf die sich unterdrückte Angst und Wut entlud.

Die Ausgrenzung der jüdischen Kultur innerhalb der deutschen Mehrheitsgesellschaft ist intensiv erforscht worden; auch in der Philologie haben sich ganze Generationen von Wissenschaftlern mit den Erzählungen über die Welt des Judentums auseinandergesetzt. Für den deutschsprachigen, nicht-jüdischen Leser bleibt jedoch die Frage offen, wie er die Aromen, Farben und Bilder solcher Texte wie dem von Heinrich Heine in ihrer Tiefe erkunden kann. Was weiß er, was *Augenblickskraft* hat? Sind das exotische Phantasieräume, die er betritt? Welche Hinweise gibt es auf die Spuren dieser Welt noch im Hier und Jetzt?

Spätestens während der Nazizeit wurden so viele historisch gewachsene jüdische Orte zerstört, dass die Beschreibungen von Städten wie Bacherach etwas Pittoreskes darstellen, das Aufrufen einer Landschaft, die nur noch mit Phantasie und Vorstellungsvermögen aufgefüllt werden kann. Daher führt die Frage nach dem Verhältnis zwischen Leser, Ort und Text hier zu einer Landkarte der fremden Orte; jener Schauplätze der eigenen Geschichte, die fremd bleiben, weil ihre sichtbaren Zeugnisse reines historisches Material geworden sind.

Der Leser betritt fremdes Gelände mitten im Vertrauten. Verschwundene Landschaften seiner Kultur. Er stößt auf Bilder, die Grenzen sind. Hinter diese Grenzen zu gehen, sie zu erkunden und zu erforschen, bleibt seine Aufgabe. Ob sie gelöst werden kann, hängt vielleicht auch vom Bewusstsein für das Entstehen dieser Fremdheit ab.

Dieses Staunen über die weißen Flecken unserer Erinnerung, über den Mangel an sinnlichen Zugängen betrifft freilich nicht nur jüdische Orte. Man könnte noch viele weitere Beispiele anführen – und auch das zugegeben starke Argument, dass wir von vielen historischen Epochen einfach keine Zeugnisse mehr haben und dennoch während des Lesens eine Vorstellung von ihnen gewinnen. Warum aber eigentlich? Selbst in den bei breiten Leserschichten beliebten Bestsellerschmökern wie etwa den Mittelalter-Epen, die effektreich den Bau der alten Dome und Kathedralen beschreiben, taucht der Leser zwar in eine ferne, uns heute exotisch erscheinende Welt ein, doch als Anknüpfungspunkte für die Phantasie bleiben die realen Dome und Kathedralen, die man bis heute besuchen kann, bleibt die Atmosphäre christlichen Denkens und die Realität christlich geprägter Rituale, die immer noch in der westlichen Welt dominant sind. Selbst in der Welt phantastischer Bücher lassen sich häufig Stadtbeschreibungen finden, die vertraute Bilder wachrufen.

All dies entbehren Orte, wie sie Heine im „Rabbi von Bacherach" beschreibt. Die jüdischen Festtage, Bräuche und Traditionen sind in der deutschen Mehrheitskultur kaum im Bewusstsein vorhanden. Die Folgen der Zerstörung jüdischer Kultur erreichen somit auch den Leser; er rüttelt an verschlossenen Türen – daher nimmt es wenig wunder, dass jüdische Themen in der Literatur meistens nur ein kleines Lesepublikum finden, obwohl der Erinnerungsdiskurs so mächtig und groß geworden ist und zum zentralen Bestandteil deutscher Erinnerungskultur seit sechzig Jahren geworden ist.

Das Fremde existiert möglicherweise gar nicht.

Es existiert nur der Begriff „das Unverstandene". Etwas als fremd zu bezeichnen, ist die Auskunft darüber, dass eine Innensicht, einen Innenbild fehlt. Und es ist erstaunlich, dass trotz des Kosmos an jüdischer Literatur, der in Europa und in Deutschland in den letzten 500 Jahren entstanden ist, diese Innensicht nie wirklich gelungen ist. Dabei sollte nicht vergessen werden, dass dies kein speziell jüdisches Phänomen ist. Vielleicht ist es sogar so, dass die jüdische Kultur die größte Aufmerksamkeit für die Grenzen gewonnen hat, die sie von der deutschen Mehrheitsgesellschaft trennten und trennen, für die Missverständnisse, die sie oft als fremd und unnahbar erschienen ließen.

Blickt man zum Beispiel auf eine andere Minderheitenkultur (was an sich schon ein Wortungetüm ist) in Deutschland, die der Sorben (früher als Wenden bezeichnet), dann lässt sich feststellen, dass ihre kulturellen Räume noch fremder und exotischer wirken, ja, dass viele Deutsche nicht einmal von der Existenz dieser Minderheitengruppe wissen.

Die Sorben werden öffentlich meist als pittoreskes Folklorevolk dargestellt, das mit seinen Osterbräuchen (Reiter mit schwarzen Zylindern, die alte magische Routen rund um die Felder auf ihren Pferden zurücklegen, Männer, die auf Pferden Hähne von Stangen reißen usw.) touristische Ströme nach Sachsen und Brandenburg lockt.

Seit dem 6. Jahrhundert nach Christus siedelten verschiedene wendische Stämme in diesem Gebiet; einige alte Slawenburgen zeugen heute noch von der beeindruckenden dörflichen Kultur dieser Stämme. Im Laufe der Jahrhunderte haben die Sorben einen eigenen Schatz an Märchen, Sagen, Mythen entwickelt, die im Unterschied zu den deutschen Märchen stärker den wilden heidnischen Urgrund ihrer Herkunft widerspiegeln. Die sorbischen Zauberer und Wassergeister haben Namen und Gesichter, die nichts mit der Welt der Grimmschen Märchenbücher gemein haben. Aber auch die moderne sorbische Literatur erzählt von einer Welt, die man sich erst in der Tiefe erschließen kann, wenn man die Landschaften gesehen hat, in denen die Figuren der Bücher ihre Prüfungen zu bestehen haben.

Dass hier eine Buchtradition zu entdecken ist, die auf der deutschen Landkarte eine eigene terra incognita eingeschrieben hat, eine Art der Poesie und der Kunst, die mit Folklore und Pittoreskem nichts zu tun hat, ist außerhalb sorbischer Kreise weitestgehend unbekannt geblieben.

Die Sprache der Sorben, das Sorbische, gehört zu den kleinsten, selbstständigen westslawischen Sprachen in Europa. Man kann die Wenden getrost als die Ureinwohner dieser europäischen Landschaft bezeichnen. Fast alle Straßen und Ortsnamen in ihrem Gebiet sind zweisprachig ausgeschildert. Die sorbische Kultur hat einen eigenen Kosmos an Geschichten, Sagen, Märchen und Liedern hervorgebracht, bei dem vor allem auffällt, dass sich hinter den sorbischen Namen für Städte, Dörfer, Flüsse und Bäche nicht nur eine andere Sprache verbirgt, sondern auch ein vollkommen anderes ästhetisches Denken, ein Duft und ein Schimmern, in dem eine unverhoffte Welthaltigkeit steckt. Minderheit? Im Feld der Schrift findet man hier eher eine Weite, eine Ausdehnung, eine Unabsehbarkeit, die nach anderen Bezeichnungen verlangt.

Die Orte der sorbischen Kultur sind, ähnlich wie in der Sage über das sorbische Märchenvolk der Lutki, verborgene Orte. Die Lutki waren ein Zwergenvolk, in der Nähe der Stadt Cottbus lebend, die den Menschen bei ihrer Arbeit halfen. Sie hatten jedoch eine besondere Eigenart: in ihrer Sprache wurde alles in der Verneinung ausgedrückt. Als sie nach getaner Arbeit zu den Menschen kamen und um ihren Lohn baten, indem sie sagten: „Wir wollen nicht essen euer Nicht-Brot und nicht trinken euren Nicht-Wein", ernteten sie verwundertes Staunen und die Antwort: „Nun gut, wenn ihr nichts wollt, dann bekommt ihr eben nichts." Enttäuscht und verärgert über die undankbaren Menschen zogen sich die Lutki in ihr Erdreich zurück.

Auf geradezu bitter-sarkastische Art und Weise erzählt das Märchen von den Trennlinien zwischen der sogenannten Minderheits- und der Mehrheitsgesellschaft. Und die

Sprache ist die Kreide, mit der diese Linien gezogen werden. Man muss die Chiffren in den Texten der sorbischen Kultur sorgfältig entziffern, um auch im realen, im sichtbaren Raum ihre Bedeutung zu verstehen.

Obwohl gute Übersetzungen vorliegen, viele sorbische Autoren und Autorinnen ihre Texte zweisprachig verfassen, sind die Orte dieser Literatur nur dem verständlich, der in die häufig von mystischen Vorstellungen geprägte Topographie dieser Kultur eintaucht, der nach ihren Wurzeln sucht, nach der Besonderheit der sorbischen Bild- und Weltvorstellungen.

Zu den bedeutenden sorbischen Schriftstellern gehörte im 20. Jahrhundert Jurij Brezan, dessen Roman „Krabat oder die Verwandlung der Welt" ein faszinierendes Beispiel dafür liefert, wie entscheidend verborgene Landschaften sein können, um die Selbstwahrnehmung einer Kultur angemessen zu verstehen.

Der Held des Romans ist eine mystische Figur. Krabat – das ist der große Zauberer und Zauderer, der Müllersbursche, der in der Schwarzen Mühle mit den dunklen Kräften magischer Weltbeherrschung konfrontiert wird und sich für das Gute entscheidet. So zumindest ist die Figur auch deutschsprachigen Lesern bekannt, vor allem durch das überaus erfolgreiche Kinderbuch „Krabat" von Otfried Preußler, das in zahlreiche Sprachen übersetzt und verfilmt wurde. In dem Kinderbuch ist Krabat wirklich ein Zauberer für Kinder, ein Held mit reinem Herzen und pausbäckigem Mut.

Sieht man auf die Darstellung des Krabats bei Jurij Brezan, entdeckt man freilich eine ganz andere Figur. Hier ist Krabat ein in sich zerrissener Wanderer, ein wütender Liebender, der durch die Zeiten hinweg in immer neuen Verkörperungen an den unterschiedlichsten Orten auftaucht, mal als Zauberer, mal als Wissenschaftler, mal als Nomade im Zivilisationsprozess, der nirgends eine Heimat finden kann. Kein Kinderzimmerheld, keine Vorbildfigur taucht hier auf. Alle Elemente einer kindhaften Märchengestalt sind in Brezans Darstellung verschwunden. Fast sieht man so etwas wie einen Anti-Christus vor sich, einen Menschen, der gern Erlöser sein möchte, dem aber angesichts der bestehenden Wirklichkeit die Kraft dazu fehlt. Der rastlos durch die Zeiten und Epochen stolpert, Frieden und Glück suchend, ohne dabei seine eigene Zerrissenheit überwinden zu können.

Der einzige halbwegs verlässliche Ort, an dem Krabat immer wieder in Brezans Roman auftaucht, ist das Ufer eines kleinen Flusses, fast nur ein Bächlein: die Satkula.

Hier holt Krabat Luft, atmet auf, verharrt für einen Augenblick, trifft die Frau, die er liebt, ehe er wieder, ähnlich wie die Hauptfigur in Virginia Woolfs Roman „Orlando", durch die rasch wechselnden Rollenbilder geworfen wird, die ihm seine Existenz erst ermöglichen.

Man hat immer wieder darauf hingewiesen, dass die Satkula als Topographie eine ähnliche Beschwörung der Landschaft sei wie der berühmte Fluss Weichsel in Günter Grass' Roman „Die Blechtrommel". Es besteht hier nur ein feiner Unterschied: der Fluss Weichsel ist ein großer Fluss. Er ist bekannt, ist auf realen Landkarten unübersehbar eingetragen, leicht besuchbar für alle, die halbwegs mit der mitteleuropäischen Landkarte vertraut sind.

Ganz anders verhält es sich mit der Satkula: es gibt kaum größere Karten, auf denen sie namentlich eingezeichnet wäre. Nicht einmal in sorbischen Kreisen ist es ohne weiteres möglich, sofort Auskunft zu erhalten, wo genau sich das Flüsschen durch das wendische Gebiet schlängelt. Sie ist ein „fremder Ort", einer, den der Leser akribisch suchen müsste, um ihn zu finden. Gleichwohl existiert er.

Die Verborgenheit dieses Flüsschens, das man in der Realität an den meisten Stellen ohne Mühe überspringen kann, wird von Brezan fast mit Stolz hervorgehoben: „Genau im Mittelpunkt unseres Kontinents – wie viele hierzulande irrtümlich glauben, also auch der Welt – entspringt die Satkula, ein Bach, der sieben Dörfer durchfließt, und dann auf den Fluß trifft, der ihn schluckt. Wie die Atlanten, so kennt auch das Meer den Bach nicht, aber es wäre ein anderes Meer, nähme es nicht auch das Wasser der Satkula auf.“[56]

Die Satkula ist ein Symbol für die unbekannten geistigen, neuralgischen Punkte des europäischen Kontinents. Ein blinkendes Zeichen für die verborgenen Landschaften, für die Geheimnisse, die nur deshalb welche sind, weil sie geringfügige Aufmerksamkeit erfahren.

Der Leser besucht diese Landschaft freilich als Landschaft im Buch; er muss sie nicht in der Realität kennen. Der Autor erzählt ihm alles, was er benötigt, um ihre Rolle im Buch zu begreifen. Dennoch zeigt sich, dass hier etwas Exotisches benannt wird, ein anderes Bacherach, ein existierender und doch nicht existierender Ort. Der Leser wird zum paradoxen Entdecker: er kann lesend den Raum, in dem er lebt, neu entdecken, Wege und Zugänge finden, die ihn an Stätten führen, die ihm seine eigene Geschichte in einem neuen Licht zeigen.

Die Satkula, wirklich fast nur ein Rinnsal, fließt entlang einiger Hügel am Dorfausgang des sorbischen Dorfes Chróścicy (dt. Crostwitz) und liegt so versteckt in der Landschaft, dass bei einem Blick über die Uferwiesen der Eindruck entsteht, die Landschaft wolle das Wasser völlig verbergen.

Brezans Krabat, die Satkula, die Märchen, Sagen, Geschichten des sorbischen Erzählens – all das gehört in der breiten Wahrnehmung nicht zur offiziellen deutschen Kultur. Dabei sind diese Orte Teil Deutschlands, ihre spezifische Kulturgeschichte hat sich dort vollzogen. Mehr als jedes kulturanthropologische Seminar vermögen Bücher wie Brezans „Krabat" die ästhetischen Besonderheiten einer Kultur sinnlich erfahrbar werden zu lassen; eben nicht durch die Proklamierung von Standpunkten, sondern durch das Angebot eines sinnlichen und sinnhaften Hindurchgehens.

Es lohnt sich hier eine Wiederholung: Der Raum, den Brezan in seinem Roman entfaltet, gleicht in keiner Weise den deutschen Märchen- und Sagenerzählungen, erst recht nicht denen, die sich des sorbischen Mythos bedienen, um daraus eine Erzählung im Stile der Grimmschen Volksmärchen zu machen.

Brezan selbst weist im Roman spöttisch auf diesen Missbrauch hin, als er einmal über die Rolle, die Krabat bei ihm spielt, sagt: „Das klingt alles richtig und einleuchtend für Leute, die sich lieber ein rundes Märchen vorsetzen lassen, statt sich an der kantigen Wirklichkeit zu reiben, und die ein solches Zaubermeister-Leben Krabats eben nur für einen Ausbruch aus der Norm halten, so daß seine endliche ‚Erlösung' im Grunde nichts mit Krabat zu tun hat, sondern nur in Szene gesetzt wird, damit das Außergewöhnliche schließlich wieder ins Gewöhnliche verkehrt wird: Ein zähflüssiger Grießbrei mit Zimt und Zuckerguß garniert, ertränkt ein Kügelchen dunklen, unerforschten Plasmas."[57]

Genau dies ist für den Leser zu entdecken, der sich der Logik des „fremden Ortes" aussetzt, ihn als Nähe begreift, als eine virtuell wie real erreichbare Landschaft: dieses „Kügelchen dunklen, unerforschten Plasmas", das zu erforschen ist, bildet den Zugang zu den Zonen kultureller

Selbstauskunft, in denen sich Bildräume öffnen, die nicht nur einen intellektuellen, sondern auch einen sinnlichen Zugang zur eigenen Kultur einfordern.

Der Leser versteht plötzlich, dass die Räume, in denen er liest, vielfältig besetzt sind. Er kann lernen hinzuschauen, um zu sehen, dass sich hinter den nationalen Identitäten und kulturellen Schichtungen weitere feine Verästelungen befinden. Der Raum des Lesens führt in neue Topographien, nicht nur im Text, sondern auch im Leben.

Wer mit den Büchern von Jurij Brezan, Jurij Koch, Kito Lorenc, Kerstin Mlynkec, um nur einige weitere sorbische AutorInnen zu nennen, die Landschaft ihrer Herkunft erkundet, betritt vertrautes und fremdes Gelände zugleich. Die Stadt Bautzen, im kollektiven deutschen Gedächtnis als zentraler Gefängnisort der untergegangenen DDR abgespeichert, öffnet vollkommen neue Bildwelten, sobald man Texte liest, in denen die Stadt mit ihrem sorbischen Namen als Budyšin aufscheint und zum Bezugspunkt für Geschichten, Bilder und Träume wird, die in die Herzkammern der anderen Kultur führen.

Wie die Figuren in diesen Texten sprechen, wie sich auch das Deutsch verändert, sobald es im Vorgang der Übersetzung zur Ausdrucksform sorbischer Kultur wird, offenbart Klänge, Rhythmen und „Aufrauungen", die eine andere sprachliche Klangwelt anbieten. Viele sorbische Schriftsteller schreiben ihre Texte zunächst in ihrer Sprache und übersetzen sie dann ins Deutsche. So gehen Klänge aus der slawischen Sprachstruktur ins Deutsche ein, ändern den *Sound* und rufen die Idee wach, dass die erzählten Landschaften dazu in der Lage sind, neue Landkarten in uns aufzuschlagen.

An den „fremden Orten" geht der Leser zu einem Rand, an dem der Blick für die Undurchschaubarkeit auch jener

Orte geschärft wird, die er zu kennen glaubt. Das berührt dann nicht nur die Zeit des Lesens. Die Lektüre weist über sich hinaus. „Verläßt man das Buch, so verläßt man es nicht; man haust in seiner Abwesenheit. So auch, außerhalb ihres gemeinsamen Raums und einzig lesbar für sie, der Wächter am Fuß des Leuchtturms und der Schriftsteller fern vom Tisch. Die Abwesenheit des Buchs hat ihren Ort diesseits und, zu gleicher Zeit, jenseits der Vokabel; doch steht sie auch geschrieben an den Rändern des Schrifttexts – als das Verwischte der Schrift."[58]

Die Stadt offenbart den Leser

Die Geschichte des Lesers ist seit der Neuzeit untrennbar mit der Geschichte der Stadt verbunden. Alle Orte, die zu kulturellen Zentren des Lesens wurden, wie etwa die Bibliotheken, sind nicht zu denken ohne die Geschichte der Stadt und ihr zivilisatorisches Selbstbewusstsein.

Im Raume der Stadt versinkt der Leser nicht nur in seinen Text, er ist auch *für andere* sichtbar als Mensch einer bestimmten Sphäre. Hinter den Glasscheiben der Universitäten und Hochschulen sind Leser zu sehen, wie sie vor Computerbildschirmen sitzen oder sich in den lang gestreckten Reihen neben den Sitzpulten der Bibliothek aufhalten. Aber auch der Zeitungsleser im Café, wartende Fahrgäste an einer Bushaltestelle oder Menschen auf den Liegen eines Schwimmbads erscheinen als Leser im städtischen Raum, Informationen, Erholung, Zerstreuung oder etwas gänzlich Unbekanntes suchend.

Selten sieht man Leser als Gruppe – das Lesen ist kein soziales Ereignis. Es vollzieht sich im großstädtischen Raum meistens als Beziehung zwischen dem Medium und dem Einzelnen, einen Raum beanspruchend, der nicht durchbrochen werden will.

Die Lektüre ist somit oft auch ein Versteck.

Hinter manchen Zeitungen verschwindet der Kopf und Oberkörper. Beobachtet man in U-Bahnen Menschen, die solche großformatigen Zeitungen lesen, erstaunt die Empfindlichkeit, mit der sie auf die zufällige Berührung der Zeitungsseiten durch einen Fremden reagieren. Das ist ein Hinweis, dass das Medium als ein Teil des Körpers begriffen wird. Ähnlich wie das Auto bietet es einen *private space* mitten in den raschen Bewegungen der Stadt an; das Buch oder die Zeitung schützen vor den Zumutungen der Anonymität, des schnellen Wechsels der Gesichter, der vorbeiziehenden Gestalten, des Wechsels zwischen Hell und Dunkel, wenn Straßen plötzlich in unterirdische Tunnel führen oder die U-Bahn in ihre Schächte ab- und kurz darauf wieder auftaucht. Der Körper erfährt eine zweite Hülle. Er wird zu einem Raum der Jabèsschen Schriftstille. In ihm sorgt nicht nur das Verfolgen der Schrift offensichtlich für ein Gefühl des Wohlbefindens (aus reinem Informationsinteresse würden wohl sehr viel weniger Menschen im öffentlichen Raum der Stadt lesen). Die Begegnung mit Fiktionen scheint hier der wesentliche Moment zu sein, wozu in diesem Zusammenhang auch die Fiktion der Zeitung gehört, die zwar unter anderen Prämissen, aber eben auch erzählend eine bestimmte Sicht auf die Wirklichkeit wiedergibt. Selbst wenn man die Zeitung hier aus dem Spiel lässt und sich auf rein literarische Texte konzentriert, entdeckt man eine erstaunlich große Zahl von Menschen, die täglich im öffentlichen Leben der Stadt Romane, Geschichten oder sogenannte Groschenhefte lesen.

In der Phantasie, so scheint es, liegt ein Schutzraum verborgen, dem sich Leser anvertrauen, und der klar unterschieden wird von der Wahrnehmung der Wirklichkeit. Mitten in den großen Städten dient uns die Phantasie als eine Art Tarnkappe.

Der amerikanische Kultursoziologe Richard Sennett erzählt in diesem Zusammenhang in seinem Buch „Fleisch und Stein – Der Körper und die Stadt in der westlichen Zivilisation" eine bemerkenswerte Geschichte, die er in einem New Yorker Kino erlebte, um das Verhältnis zwischen Phantasie und Wirklichkeit im Raume der Stadt zu illustrieren.

Sennett ging eines Tages mit einem Freund, einem Vietnam-Veteranen, in einem vorstädtischen Einkaufszentrum ins Kino. Der Freund hatte während des Vietnam-Krieges die linke Hand verloren und trug nun an deren Stelle eine Prothese mit Metallfingern. „Der Film entpuppte sich als besonders blutrünstiger Kriegsfilm; mein Freund sah ihn sich gelassen an und streute ab und zu technische Erläuterungen ein. Nach dem Film standen wir noch draußen herum, rauchten und warteten auf Bekannte, mit denen wir verabredet waren. Mein Freund zündete sich langsam eine Zigarette an; dann führte er die Zigarette in seiner Klaue sicher, fast stolz, an die Lippen. Die Kinobesucher hatten soeben zwei Stunden zerrissener Körper hinter sich gebracht, wobei das Publikum bei besonders gelungenen Treffern applaudiert und das ganze Gemetzel sehr genossen hatte. Die Leute strömten um uns herum aus dem Saal, blickten unbehaglich auf die Metallprothese und gingen uns aus dem Weg; schon bald waren wir eine Insel in ihrer Mitte."[59]

Was den Zuschauern in der Fiktion des Films als unterhaltsam erschienen war, schockte sie in der Realität. Unvermittelt trafen sie hier auf eine Lebensdimension, in der es keinen Filter, kein „Die-tun-ja-nur-als-ob", sondern einen wahren Hintergrund gab.

Freilich ist ein Kinofilm kein Buch, aber auch er bildet einen spezifischen Text ab, arbeitet mit Fiktionen, die den Zuschauer zu einer Entschlüsselung (Decodierung) überreden. Zwischen der gelesenen Fiktion des Kriegsfilms und dem Anblick der Metallprothese tat sich ein unüberbrückbarer Graben auf, der sich unmittelbar in den Reaktionen des nach draußen strömenden Publikums widerspiegelte. Das Wirkliche und das Fiktionale stießen die Köpfe gegeneinander.

Dem Leser im Raum der Stadt ist dabei möglicherweise auf eine sehr genaue Art und Weise bewusst, dass er im anonymen Massengewimmel Situationen ausgesetzt ist, die er weder einschätzen noch überblicken kann. Zielt gerade jemand auf uns? Tritt irgendwer statt auf die Bremse aufs Gas? Stürzt eben ein Mensch vom Fenster direkt auf uns zu?

Gerade deswegen ist die Auseinandersetzung mit Büchern und Filmen ein Schutz, vielleicht auch ein Trost, da hier eine Art von zweiter Realität erlebt werden kann, die um einiges überschaubarer wirkt und die uns einige potentielle Risiken städtischer Aufenthalte vergessen lässt.

Der Leser im Raum der Stadt senkt seinen Blick; er entgeht der Fülle des Wahrnehmbaren, zugleich hat er Macht über die Wahl, welchen Räumen und Bildern er sich aussetzen will. Der gesenkte Blick ist zugleich ein Signal an seine Umwelt, bitte in Ruhe gelassen zu werden. Das Lesen verhindert das Gestörtwerden durch andere.

Solange der Mensch liest, hat er auch eine Erklärung, warum er Dinge, die um ihn herum geschehen, nicht sieht; seine Beschäftigung legt eine Grenze zwischen sein Leben und das der anderen. Das hat keine moralische Dimension, sondern eine physische. Das Medium wird zum Bestandteil des Körpers; es vermittelt nicht nur die Sicherheit eines Besitzes (daher auch das Sich-Gestört Fühlen durch das heimliche Mitlesen von anderen), sondern reguliert den Aufenthalt im öffentlichen Raum auf besondere Weise: Der Leser zeigt, dass er beschäftigt ist.

In der Geschichte der westlichen Stadt ist der Ausdruck des Tätigseins ein wichtiges symbolisches Zeichen, um Teilnahme am Leben zu vermitteln. Die Vorstellung von Menschen, die im öffentlichen Raum sitzen und einfach nichts tun, wird häufig mit sogenannten sozialen Problemgruppen in Verbindung gebracht. Auch umgangssprachlich ist diese Verachtung spürbar, wenn es heißt „Du kannst doch nicht den ganzen Tag rumsitzen und nichts tun!"

Hier greift eine besondere Logik westlichen Denkens und Lebens: wer arbeitet, leistet seinen Beitrag zur Stadt. Solange Tätigkeiten sichtbar sind – und dazu zählt auch das Lesen – erscheint der Mensch im öffentlichen Raum als beschäftigtes und somit akzeptiertes Wesen. Tritt eine vollkommene Verweigerung ein, berührt das auch die Grundfesten des darunter liegenden Selbstverständnisses von Arbeit und Sichtbarkeit im öffentlichen Raum.

Der amerikanische Schriftsteller Herman Melville hat das auf tragisch-komische Weise in seiner Novelle „Bartleby, der Schreiber" skizziert. Der höflich-stille Schreiber Bartleby, der im 19. Jahrhundert an der Wall Street als Kopist arbeitet, beginnt nämlich in seinem Büro dadurch aufzufallen, dass er Arbeitsaufträge seines Vorgesetzten freundlich aber bestimmt mit der Bemerkung „Ich bevorzuge, es nicht zu tun" beantwortet. Mehr und mehr verlegt er sich darauf, Arbeit abzulehnen, nichts zu tun, einfach dazusitzen und nach draußen auf die Häuserfassaden zu starren, bis er eines Tages jede Arbeit verweigert und Anfragen mit seinem berühmt gewordenen „Ich bevorzuge, es nicht zu tun" abzuschmettern.

Melville gibt kaum Erklärungen für das Verhalten des immer einsamer werdenden Bartlebys an. Für den Leser wird aber spürbar, dass hier an den Grundüberzeugungen des amerikanischen Traums gerüttelt wird. Wenn die Menschen beginnen, die Arbeit zu verweigern, nichts zu tun und nur bei sich selbst zu sein, sind die Grundpfeiler westlichen Lebens bedroht.

Das Nichtstun im öffentlichen Leben der Stadt ist nicht vorgesehen. (Selbst Touristen werden mittlerweile bei ihrer *Grand Tour* durch die großen Destinationen wie London, Paris, Berlin, Rom und Madrid mit einer Fülle von Aufgaben, Angeboten, Tätigkeitsmöglichkeiten überschüttet, die ein Gefühl fortgesetzter Arbeit vermitteln. Das Ganze wird dann häufig mit den werbewirksamen Begriffen *Studienreise*, *Kulturtourismus* oder *interaktives Reisen* beschrieben.)

Vor diesem Hintergrund spielt auch das Lesen im öffentlichen Raum seine besondere Rolle. Es ist ein Zeichen des Tätigseins; es charakterisiert den Leser als Mitglied der (westlichen) Stadt und ihrer Werte. Es wird im nächsten Kapitel noch darüber zu sprechen sein, wie durch das Aufkommen der Smartphones, E-books, E-glasses und anderer digitaler Geräte eine klammheimliche Verschmelzung zwischen dem Lesen und dem Arbeiten stattfindet.

Was ist aber mit der Freiheit des Nichtstuns? Des medienlosen Daseins? Mit den Augenblicken des manchmal schönen, manchmal herrlich dumpfen Vor-Sich-Hin-Starrens ohne jegliche greifbare Gedanken?

Sofern der Einzelne öffentlich wirklich nichts Sichtbares tut, geschieht das in Städten meistens innerhalb von Zügen und Bussen. Vor allem in den Vorort- und Pendelzügen der großen Metropolen, die am Abend und am Morgen eine Masse von Menschen ins Zentrum transportieren, erlebt man den Anblick von regungslosen Zeitgenossen. Viele dieser Menschen sehen einfach nur vor sich hin oder blicken aus dem Fenster. In westlichen Städten sind diese Situationen nicht von auffälliger Gesprächigkeit bestimmt. Die Passagiere bereiten sich auf ihre Arbeit vor oder sie kehren erschöpft von ihr zurück; für Gespräch und Auskunft ist hier kaum Zeit. Auch für das Lesen nicht. Abgesehen von der Tätigkeit des „Zur-Arbeit-Unterwegsseins" breitet sich eine Form der Erschöpfung und Müdigkeit aus, die mit einer gewissen Sprachlosigkeit einhergeht.

Der Anblick des namenlosen Pendlers gehört mittlerweile zu den typischen Genrebildern vom Leben in den großen Städten. Viele Bücher und Filme nutzen das Bild des schweigenden Passagiers in Pendlerzügen, U-Bahnen oder Fernzügen, um Nachdenklichkeit, Einsamkeit, Melancholie oder einfach nur Atempausen des Lebens einzufangen.

Der lesende Mensch dagegen würde als filmisches oder literarisches Sujet nicht diese Ausstrahlungskraft haben. Er wäre schlichtweg woanders und würde zeigen, dass er eine *Form* gewählt hat, wie er im öffentlichen Raum erscheinen will. Vielleicht ist das einer der Gründe dafür, warum man so selten in Filmen lange Sequenzen mit lesenden Menschen sieht. Sie entfliehen der Erzählung, verbergen sich in ihrem Woanders, taugen nicht dazu, ausgestellte Helden zu sein.

Der aus dem Zugfenster blickende Passagier dagegen, womöglich noch am frühen Morgen oder spät in der Nacht aufgenommen, setzt sich den Blicken der anderen aus: er hält den Kopf oben, sieht ins Leere, ist in sich selbst versunken. Daher kann der Leser wie der Zuschauer etwas in sein Gesicht eintragen, was vielen Interpretationen offen steht. Der Mensch, der nichts tut, ist ungeheuren Deutungen ausgesetzt. Der Leser hingegen verkündet immer schon eine Nachricht: ich bin vergeben an eine Tätigkeit und ihre Deutung obliegt mir selbst.

Das duftende, lärmende Café

What a pair

Zu den prominenten Orten des Lesens im öffentlichen Raum zählt das Café. Seine warmen Aromen, seine Düfte und Geräusche sind legendär. Es ist der Ort des Rückzugs innerhalb der Tätigkeitszwänge der Städte. Hier ist es erlaubt, Müßiggang zu üben, zu lesen und das Gespräch zu suchen, Pläne für die Zukunft zu schmieden, Freunde zu treffen, aber auch einfach allein zu sein – freilich unter Beobachtung von anderen.

Das Kaffeehaus, das ursprünglich auf die englischen *coffeehouses* im frühen 18. Jahrhundert zurückgeht[60], ist dabei auch eine Keimzelle für neue Ideen und Aufbrüche. (Selbst Theodor Herzls Roman „Altneuland", der in literarischer Form die Vision eines jüdischen Staates entwirft, beginnt in einem Kaffeehaus und lässt die Handlung dort einige Zeit verweilen.)

Im Café wird für die Stadtbewohner die Intimität des Lesens zum mitmenschlichen Ereignis – denn es entsteht zumindest die Illusion, man würde nicht alleine lesen, das Geschriebene setzte sich, zumindest im 18., 19. und 20. Jahrhundert, in der Auseinandersetzung mit Gleichgesinnten fort. So begann beispielsweise die britische Versicherungsgesellschaft *Lloyd's of London* als Kaffeehaus zu existieren. Mit dem Erwerb eines Bechers Kaffee konnte man ins Gespräch mit anderen Menschen kommen, plaudern und eine Zeitinsel im Tag betreten. „Es war mehr als bloße Geschwätzigkeit, was Fremde dazu brachte, im Kaffeehaus miteinander zu sprechen. Man konnte auf diese Weise wichtige Informationen über die Bedingungen im Lande oder in der Stadt und über geschäftliche Entwicklungen erhalten. (...) Das Erscheinen der modernen Zeitung im späten 19. Jahrhundert verstärkte den Impuls, miteinander zu reden, eher noch. Die Zeitungen hingen an Ständern aus und boten einen Reichtum an Diskussionsthemen – das geschriebene Wort erschien den Kaffeehausbesuchern keinesfalls verläßlicher als die Rede."[61]

Das Café war bis ins 20. Jahrhundert hinein einer der zentralen Orte, an denen aus dem Lesen ein Dialog wurde. Die Schrift war die Stimulation des Gespräches, auch des politischen Bewusstseins. Das Café als konspirativer Treffpunkt, als Versammlungsraum für Interessengruppen bot einen idealen Rahmen für gesellschaftliche Debatten, eben weil es immer auch ein Schnittpunkt zwischen gesprochenem und geschriebenem Wort war.

Der Leser konnte hier zudem ein weiteres Tabu durchbrechen: er konnte während seiner Lektüre essen und trinken. Die Buchstaben wurden aus dem Raum ihrer besonderen Wertschätzung herausgerissen. Anders als in Bibliotheken oder in religiösen Zusammenhängen war die Schrift nicht länger etwas Beschützenswertes.

Bücher, die in einem Café zu finden waren, mussten damit rechnen, beschmutzt oder mit Kaffeeflecken betropft zu werden, ehe sie wieder an ihrem angestammten Platz landeten. Die Zeitung als kultureller Gebrauchsgegenstand war davon ebenso berührt.

Die Schrift wurde im Café etwas Profanes, Alltagstaugliches, verbunden mit Augenblicksgenüssen. Nicht nur der Geist und die Phantasie erhielten Nahrung, sondern der ganze Körper konnte sich im Akt des Lesens Wohlbehagen verschaffen. Das Lesen im Café wurde zu einem umfassend sinnlichen Erlebnis, das mit dem Verschwinden der Ehrfurcht vor der Schrift auch ein anderes Leseverhalten hervorbrachte.

Sieht man heute in viele Cafés großer Städte, wird deutlich, dass das Kaffeehaus als mitmenschlicher Raum einige Begrenzungen erfährt. Der Computer verdrängt die Zeitung oder das Buch. Die individuelle Suche nach Informationen und Zerstreuung verhindert das unmittelbare Gespräch, eben weil auch die gemeinsame Diskussionsquelle nicht mehr vorhanden ist. Der Leser baut sich seinen eigenen Lesekosmos auf, surft in sozialen Netzwerken, auf den Websites internationaler Zeitungen, liest seine Emails oder verliert sich in einem virtuellen Spiel. Die Einsamkeit des Lesers, bewacht von anderen singulären Leseprozessen, bestimmt die neuen Verhältnisse im Café. Das Kaffeehaus spielt daher als Ort spontaner Kommunikation keine wichtige Rolle mehr.

Gleichzeitig wird deutlich, dass Leser noch immer die Nähe anderer Menschen suchen, während sie sich in ihren Lesewelten aufhalten. Das Kaffeehaus (mit all seinen modernen Spielarten von der Café-Bar bis zur Starbucks-Halle) ist ein entscheidender Raum, eine Schnittstelle zwischen virtuellen Welten und realer gesellschaftlicher Teilhabe. Seine Geräusche, das Surren und Dampfen von Kaffeemaschinen, der kurze Wortwechsel während der Bestellung, der umherschweifende Blick, der auf andere über ihre Bildschirme gebeugte Menschen trifft, scheint ein Bedürfnis nach menschlicher Anwesenheit wiederzugeben, das auch im digitalen Zeitalter nicht erlischt, sondern eher stärker und bedeutsamer wird. Die Unruhe des Lesers, der in der gesamten Geschichte des Lesens immer wieder mit dem Wechselspiel zwischen Kontemplation und Ausbruch aus dem Gefängnis der Schrift haderte, findet im Café einen zeitweiligen Frieden.

Dass in den letzten Jahren vor allem in der westlichen Welt das Kaffeehaus eine Renaissance erlebt hat, auch was die Integration verschiedener Medien innerhalb des Cafés betrifft, verdeutlicht, dass hier ein Ort des Lesens anzutreffen ist, der viele Veränderungen kultureller Traditionen städtischen Lebens durchlebt hat und sich dennoch behaupten konnte. Wenn auch unter vollkommen neuen Bedingungen. Wie „verlässlich" ist beispielsweise noch die mündliche Rede an solchen Orten? Welche Rolle spielt sie?

Menschliche Begegnungen im Kaffeehaus kommen tendenziell nicht mehr spontan zustande. Nicht weil zwei oder drei dasselbe lesen oder sich gerade mit einem Thema beschäftigen, entsteht plötzlich ein Gespräch. Die Schrift vor Ort ist nur noch ein marginaler Bezugspunkt. Das Kaffeehaus ist eine neuralgische Fläche der Verabredung in der realen Welt geworden, die digital vorbereitet wird. Die

Zeichen und Chiffren digitaler Texte organisieren die sozialen Begegnungen. Man könnte die Frage stellen: warum ist dann eigentlich der reale Ort überhaupt noch von Bedeutung? Wäre es nicht einfacher und unkomplizierter, die Zeitung oder das Buch zuhause oder bei der Arbeit am Computer zu lesen? Sich über Themen gänzlich virtuell auszutauschen?

Wenn man davon ausgeht, dass der Leser einen ihn einfangenden Ort braucht, um bestimmte Texte und Fiktionen auf eine ihm angenehme Weise in sich hineinzulassen, kann man Antworten auf diese Fragen finden. Das Kaffeehaus als Ort bietet ein überwältigendes Aroma, eine besondere Wahrnehmung der Nachrichten und Kommentare zum Weltgeschehen, die wir längst an einem anderen Zeitpunkt des Tages in uns aufgenommen haben. Auch das Buch, das man hier liest, öffnet andere Türen – wohl, weil andere Menschen in der Nähe sind, weil wir, umgeben von der besonderen Ästhetik der Einrichtung und der Geräusche dieses Ortes, ein anderes Lesen gewinnen.

Das Café erinnert uns an das archaische Bedürfnis, unsere Einsamkeit von anderen beobachten zu lassen. Hier verwandelt sich die mittelalterliche Klause in einen dialogischen Raum: zumindest besteht theoretisch die Möglichkeit, dass wir plötzlich den Kopf heben und auf den Blick eines Anderen treffen, der das Bedürfnis hat, uns zu fragen: Was liest du da eigentlich? Wäre es nicht lohnenswert, darüber ins Gespräch zu kommen?

Der Leser als virtueller Nomade

Der Leser im 21. Jahrhundert bewegt sich wie ein nervöser Taucher in den Galaxien immer neuer digitaler Welten. Er ist nicht mehr nur einfach ein Leser, er ist zugleich Spieler, Schreiber, aktiver und passiver Informant, Kundschafter und Nomade, ein hinter hundert Adressen und Decknamen maskiertes Kaleidoskop vieler Persönlichkeiten, die in der Unendlichkeit von Texten und Bildern sowohl als Autor wie als Konsument auftreten.

Zudem ist er in einem Ausmaß mit Buchstaben- und bewegten Bildwelten konfrontiert wie keine Generation vor ihm. Das hat dem Lesen neues Gelände geöffnet. Zugleich schließt diese Welt eine beträchtliche Menge von Menschen aus, nämlich jene, welche weder die technischen, sozialen, örtlichen noch die ökonomischen Voraussetzungen erfüllen, um in diesen digitalen Räumen gleichberechtigt anwesend zu sein und mitreden zu können. Etwas spöttisch werden sie gelegentlich als „digitale Analphabeten" bezeichnet, ein zynischer Name schon deshalb, weil es gar nicht um ihre Lesekompetenz geht, sondern um ihre Fähigkeit, den digitalen Raum überhaupt erst zu betreten. Gleichzeitig haftet den so Bezeichneten der Geruch des Rückschrittlichen, Zurückgebliebenen an. Stumme Verharrende in einer Welt von gestern. Was diese Trennung bedeutet und wie sie die Wahrnehmung des Lesens zwischen der westlichen Welt und jenen anderen, die nicht mit derselben Geschwindigkeit in digitalen Welten leben, bedeutet, wäre das Thema eines eigenen Essays. Hier soll es vor allem darum gehen, den modernen digitalen Nomaden in seinem Verhalten als Leser zu betrachten. Seine Nervosität ebenso wie seine spielerische Überlegenheit. Seine fulminanten Fähigkeiten, so viele sinnliche und intellektuelle Abenteuer im *virtual space* gleichzeitig zu erleben und dabei in seinen sozialen Bedürfnissen ein archaischer Spieler zu bleiben.

Die technischen Veränderungen haben nicht das Bedürfnis des Menschen nach dem Menschen gelöscht, vielleicht aber das Selbstverständnis verwandelt, in dem sich Individuen begegnen. Auffällig dabei ist, wenn man auf das Verhalten digitaler Nomaden blickt, dass der Wunsch, aktuell und zeitgenössisch zu sein, fast etwas Zwanghaftes erhält – und dass die eigene Identität als moderner Mensch häufig darüber definiert wird, dass bestimmte Medien bewusst nicht mehr genutzt werden, dass man sich aktiv daran beteiligt, sie unwiderruflich für tot zu erklären.

Als im Herbst des Jahres 2012 in Deutschland einige Zeitungen ihren Betrieb einstellen mussten, ging fast wie ein Wirbelsturm ein Raunen durch fast alle Zeitungen und Magazine. Viele Kommentatoren waren sich sicher, nun setze das endgültige Zeitungssterben ein. Das Ende eines Zeitalters der Druckwaren. Der Tod des gewohnten Leseverhaltens.

Auffällig daran war der Umstand, dass es vor allem Schriftsteller, Journalisten und Publizisten waren, die den Untergang ihres eigenen Geschäftes mit prophetischem Feuereifer ankündigten und überzeugt davon waren, dass die Zeitung der Zukunft nur noch im Netz zu finden sei oder eben ganz verschwinde. Prognosen haben die Eigenschaft, sich zu widersprechen; das macht sie zum faszinierenden öffentlichen Phänomen. Die Heftigkeit aber, mit der viele Verkünder der Prognosen ihre persönliche Verflechtung mit diesen Untergangsvisionen ignorierten, ist erstaunlich.

Gerade die älteren Journalisten, eben jene, die vom Zeitalter der Printprodukte am stärksten geprägt wurden, waren die lautesten Ausrufer des Untergangs. Das weist auf ein Verständnis des Modernseins hin, welches kein entspanntes Verhältnis zum Wandel der Dinge hat, sondern vielmehr ein angstgeprägtes. Statt Veränderung zu durchleben, wird sie wie ein Naturereignis gesehen, das über den Menschen hereinbricht und kaum Gestaltungsspielraum lässt. Dort, wo es am einfachsten ist, setzt der Wunsch, zeitgenössisch zu sein, am schnellsten ein: beim Ausrufen des Sterbens von Dingen. Was aber verschwindet dabei in uns, im einzelnen Leser? Vor allem: welche Orte verlieren wir? Und mit ihnen, welche sinnlichen Genüsse?

Die Genussorientierung des Menschen könnte hier als argumentatives Beruhigungsmittel empfohlen werden: wir werden auch in Zukunft in dem Maße dem Lesen folgen, wie es uns Türen zu notwendigen Räumen des Glücks und der Erschütterung öffnet. Vielleicht ist daher die spannendere Frage: sind wir überhaupt noch bereit für dieses Glück und diese Erschütterung?

Erstaunlicherweise gehört es zu den Phänomenen neuer technologischer Entwicklungen, dass sie, sobald sie in der Welt sind, den Tod anderer kultureller Artefakte heraufbeschwören. Meistens sind diese Prophetien jedoch nicht sehr wirklichkeitsbeständig. Häufig sind sie vielmehr Ablenkungsmanöver, um sich eben nicht mit der Frage beschäftigen zu müssen, was diese Veränderungen von uns und unseren vertrauten Gewohnheiten abfordern.

Als das Kino aufkam, fürchtete man den Tod des Theaters, als das Fernsehen sich ausbreitete, fürchtete man den Tod des Kinos. Als das Internet kam, wurde das Ende des Buches beschworen. Alle diese Medien existieren immer noch, verändert und immer wieder Krisen ausgesetzt, aber sie sind da und werden es auf absehbare Zeit bleiben. Grundlegend ist ihnen allen, dass sie die Aufmerksamkeit des Lesers bzw. Zuschauers benötigen, seine Zeit, sein Interesse, seine Geduld. Darauf ist einigermaßen verlässlich zu bauen: wer uns davon ablenkt, über die grausam verstreichende Zeit und die Banalität von Alltagswiederholungen nachzudenken, der hat unsere Aufmerksamkeit sicher.

Weniger Sorge scheint die Rolle der veränderten Orte zu bereiten, an denen sich Leser Büchern nähern. Dabei vollzieht sich hier der größte Einschnitt innerhalb des alten Verhältnisses zwischen Leser, Ort und Buch.

Wenn man ein Buch aus Papierseiten in einem Buchladen erwirbt, es in einer Bibliothek ausleiht oder in einem Antiquariat kauft, ist man mit *atmosphärischen Räumen* konfrontiert. Erwirbt man ein Buch mit wenigen Klicks als Download, fernab der gewohnten Umgebung des klassischen Bucherwerbs, verschwinden diese Räume. Nicht das mögliche Verschwinden eines alten Mediums ist daher die zentrale Veränderung, sondern das erzwungenermaßen andere Verhalten des Lesers, der Orts- und Umgebungswechsel, den neue Medien einfordern.

Der moderne Leser lernt gänzlich andere Stationen des Bucherwerbs und der Buchlektüre kennen. Der Buchladen als solcher wird überflüssig. Der Erwerb von Büchern ist nicht mehr an spezielle kulturelle Orte gebunden. Im Grunde ist heute jeder Aufenthaltsort des Lesers denkbar, um die Texte zu finden, die er gerade benötigt.

Das bringt einerseits eine neue Freiheit hervor, andererseits verschwinden bestimmte Umgebungen aus seinem Blickfeld. Er ist ohne Zwischenstationen in der Nähe der Schrift.

Dabei ist der Text nicht länger gebannt auf Papier, sondern erscheint auf einem Bildschirm, auf einer Fläche, die sich zwar auch abnutzen kann, die aber keine der üblichen

Spuren hinterlässt (Fettflecken, Eselsohren, Bleistiftlinien, Regentropfen etc.), wie sie auf Papier erscheinen. Das hat für die Biographien von Lesern und Büchern Folgen, die heute noch nicht abzusehen sind.

Wenn in Zukunft Bücher sich auf Brillengläsern widerspiegeln oder den Weg als Leuchtschrift unter die Haut finden werden, sind die Orte des Erwerbs, des Besitzens und der Vergnügens noch einmal ordentlichen Veränderungen ausgesetzt.

Zur Biographie des Lesers gehören also nicht mehr zwingend der Lieblingsbuchladen, die Bibliothek, ihre Räume und ihre Rituale, auch nicht mehr das Buchregal oder die großen Schrankwände zuhause, in der sich von Jahr zu Jahr mehr Bücherexemplare ansammeln.

Viele Kritiker, Kulturwissenschaftler und selbst SchriftstellerInnen sehen darin eine spannende Entwicklung. Der Ballast des Repräsentativen, so heißt es, werde in der Welt der Bücher abgeschafft.

Die eigene Bibliothek als symbolischer Ort der Bildung, wie sie im 19. Jahrhundert großbürgerliche Haushalte und bis ins 20. Jahrhundert hinein viele Häuser und Wohnungen prägte, werde überflüssig. Man trägt die notwendigen Bücher in seinem E-book mit sich. Oder holt sie aus den digitalen Wänden unserer Häuser in der Zukunft. Glaubt man amerikanischen Wissenschaftlern wie Larry Birnbaum, lässt sich in naher Zukunft auch die Textproduktion, also die genuine Autorschaft, ersetzen durch Texte, die von Computern geschrieben und direkt zu ihrem Leser transportiert werden. In der Sportberichterstattung in den USA ist dies teilweise sogar schon Realität. Zudem könnten sich Bücher viel stärker untereinander vernetzen.

Man stelle sich vor: eine Referenz auf eine Fotografie in einem Text Susan Sontags wird dann sofort mit der realen

Fotografie konfrontiert und der Leser kann vergleichen, ob er der Interpretation zustimmen will. Auch die Finanzierung belletristischer Literatur könnte revolutioniert werden, indem beispielsweise Produktwerbung in passende Textstellen eingeschoben wird, wie es einige Wissenschaftler und Kulturmanager vorschlagen. Trinkt bei Dostojewski jemand Wodka, kann dann wohl eine aktuelle Wodkamarke ihr Angebot machen; essen die Leute in einem zeitgenössischen Roman Pizza mit Rosmarinkartoffeln, kann der Pizzadienst um die Ecke gleich den stimulierten Hunger befriedigen. Den Vernetzungsmöglichkeiten sind keine Grenzen gesetzt. Freilich auch nicht der Absurdität dieser Optionen.

So bizarr manche dieser Ideen klingen, so eindeutig sind sie schon längst keine Utopien mehr, sondern in der Praxis erprobte Tatsachen, die sich durchsetzen werden oder auch nicht. Entscheidend für die Perspektive dieses Essays ist die Frage nach den Orten des Lesers, nach den Aufenthaltsräumen, die seinem Lesen neue ästhetische und erkenntnisbezogene Erfahrungen ermöglichen. Und hier ist zu sehen, dass sich das Erlebnis realer Räume immer mehr hin zu virtuellen Aufenthaltsorten verschiebt. All die *Zwischenstationen* des Büchererwerbs, die an reale Orte gebunden sind, die damit verbundenen Gespräche, Auskünfte, Beratungen, die haptischen Erlebnisse des Einpackens und Überreichens, des Papier- und Tütenraschelns, des Betastens und Bestaunens verwandeln sich in möglicherweise geliebte, aber zugleich als überflüssig erachtete Formen der Vergangenheit.

Die Grenzziehung zwischen dem realen und dem virtuellen Raum löst sich auf – und von vielen Forschern der Raumtheorie in den Kulturwissenschaften wird mittlerweile generell in Zweifel gezogen, ob es diese Unterscheidung überhaupt gibt: „Alles, was es bisher schon gab, wurde durch den Zusatz ‚virtuell' verdoppelt. Von *virtuellen Erlebnissen* und Erfahrungen in *virtuellen Welten* ist ebenso die Rede wie von (...) *virtuellen Gemeinschaften, virtuellen Städten* und *virtuellen Räumen.* Verstärkt wurde diese *Verdoppelung* der Gesellschaft durch die Erwartung der Netzpioniere, im Internet eine ganz andere, bessere Welt aufbauen zu können, in der zahlreiche der im realen Raum gültigen Grenzen überflüssig werden sollten. (...) Folgt man den Beschreibungen dieser zu errichtenden, virtuellen Welt, so wird deutlich, dass sich hinsichtlich der Unterscheidung real/virtuell eine Konstellation wiederholt, die dem Gegensatz von Land und Meer ähnelt, wie er über Jahrhunderte gegolten hat. (...) Während das Land – als das dem Menschen gemäße Element – als Sphäre des Realen gelten konnte, war das Meer gleichbedeutend mit dem Unbekannten, dem nur der Möglichkeit nach Vorhandenen. Die Neugier auf dieses Fremde und Unbekannte war der Antrieb, um sich aus der vertrauten Welt in die neue zu wagen. Mit jeder Expedition und mit jeder Entdeckungsreise nahm jedoch der Vorrat des ehemals Undurchdringlichen und Unerklärlichen, des Fremden und Geheimnisvollen ab, das einstmals die Fantasie beflügelt hatte. Nach und nach verwandelte sich das zunächst offene Meer in einen vollständig vermessenen, unter verschiedene Staaten aufgeteilten Raum."[62]

So bezwingend diese Argumentation ist, so problematisch ist sie hinsichtlich des hinkenden Vergleichs. Das Meer ist ebenso wie das Land eine Lebenswelt, in welcher sich der Mensch mit seinem gesamten Körper bewegen, in der er atmen, leben und auch sterben kann.

Der virtuelle Raum ist freilich eine moderne *terra incognita* mit noch vielen unerschöpfbaren Erfahrungszonen, aber er verweist immer wieder auf den realen Raum, auf die Welt zwischenmenschlicher Bedürfnisse an konkreten Orten, auf die Lebenslust und den Sauerstoff dieser einzuatmenden Umgebung.

Je einflussreicher der Kosmos der digitalen Räume wird, desto deutlicher wird auch die Abhängigkeit des Lesers von ihrem Funktionieren – und von der Nervosität, die ihn überfällt, sobald der Zutritt zu diesen Welten unmöglich wird.

Ein Tornado der Kategorie F5

Als der Wirbelsturm „Sandy" im Herbst des Jahres 2012 über New York fegte und einige Mobilfunknetze lahm legte, wurde klar, dass der Aufenthalt im *digital space* plötzlich in einigen Teilen der Stadt unmöglich geworden war.

Der Mensch, zurückgeworfen auf die Bedingungen, die ihm seine Umwelt diktiert, erlebte eine massive Verunsicherung. Die Freiheit, sich abzulenken, zu kommunizieren, Texte herunterzuladen, zu spielen und sich zu informieren war plötzlich mit der Tatsache stumm bleibender Geräte konfrontiert. Freilich, auch dafür wird es in Zukunft noch mehr Schutzmöglichkeiten geben, aber so lange die Technikwelt nicht gänzlich in den Körper ein- und übergeht, bleibt das Gefühl der Abhängigkeit, des Ausgeliefertseins an das Funktionieren technischer Systeme bestehen. Anders als auf dem Meer sind wir ausgeschlossen von den virtuellen Räumen, wenn die Lichter erlöschen und die Geräte uns den Zugang verweigern. Nicht mal eine Handbreit ist dann von dem Wasser zu schöpfen, welches das Meer bietet.

Der Leser ist jedoch als Figur eine Figur der Freiheit.

Sein Bedürfnis, in andere Welten zu flüchten und somit seinen Blick zu schärfen für die Orte, an denen er sich gerade befindet, ist grundsätzlicher Natur. Daher sind es vielleicht gerade die Erlebnisse von Natur- und Kriegskatastrophen, die darauf hinweisen, dass geistiges Leben, welches keine umfassende Unabhängigkeit vom Zugang zu den Quellen der eigenen Selbstverständigung besitzt, auf schwieriges Gelände gerät.

Der Traum von der ständigen Verfügbarkeit des Lesens in Netzwerken, Foren, Archiven, auf Websites und ihren unendlichen Verlinkungen ist heute eine technologische Zusage, die scheinbar keiner Ideologie, sondern nur noch einem enthusiastischen Fortschrittsglauben folgt. Bedenken, dass dieser Zugang Brüchigkeiten aufweisen, dass die Trennung zwischen *real* und *virtuell* vielleicht nicht vollkommen zwecklos sein könnte, wirken schnell altmodisch und kulturpessimistisch.

Die Gründe dafür sind offensichtlich: die Faszination für die sich rasend schnell vollziehenden Ausweitungen des menschlichen Handlungsspielraums in der digitalen Sphäre überwiegt gegenüber jedweder Skepsis.

Und in der Tat: Der digitale Nomade bewegt sich in Räumen, die in den Generationen vor ihm noch niemand betreten hat; er baut an einer Kultur, die, obgleich er nie *ganz* in ihr auftauchen kann, die Eigenschaft hat, neu zu sein, schnell zu sein und unabhängig von Orten, Plätzen und Grenzen. Dies ist ein Wunder, ein schönes zumal.

Fragt man nach den Gründen, warum weltweit vor allem in den jungen Generationen Menschen – kulturübergreifend – die Begeisterung für diese Entwicklung teilen, stößt man auch auf die Sehnsucht nach einem neuen *Heimatbegriff*. Auf den Wunsch nach einer Welt, die nicht länger von nationalen und kulturellen Grenzen bestimmt ist, sondern die orts- und zeitungebunden eine ständige elektrisierende Begegnung, einen Austausch, ein gemeinsames Leben und Handeln mit anderen Menschen ermöglicht, ganz gleich, wo sich der einzelne Leser gerade befindet.

Der digitale Nomade erfährt hier ein Bürgerrecht, das er sich selbst erschaffen hat. Er besitzt anarchische Freiheit; er sucht sich seine Gefährten nicht mehr im Gebiet seiner Herkunft, sondern dort, wo er Gleichgesinnte findet, welche den Freuden des Virtuellen ebenso zustimmen wie er.

Dieses *Heimatversprechen* gehört wohl zu jeder Phase eines neuen, einflussreichen Mediums; es ist Bestandteil jenes Traums, aus der Anonymität und Namenlosigkeit einer unwirtlichen Realität herauszutreten, um in einem anderen Raum jenes „Vaterland" zu finden, wie es Paul Virilio am Beispiel des Kinos in den USA beschreibt: „Paradoxerweise erfüllte bei den Nomaden des zwanzigsten Jahrhunderts das

Kino den Wunsch nach einem dauerhaften, gar ewigen Vaterland und verlieh ihnen ein neues Stadtrecht. Ihnen ersetzte die kinematographische Technik durch die kinematische Aufzeichnung, durch ein normiertes Walhalla mit seinen Bildern typischer Ereignisse, Gegenstände, Personen die Religion (...). Der Filmsaal war keine neue Agora, kein urbanes Forum, wo die Einwanderer aus aller Welt sich hätten treffen und austauschen können..."[63]

Genau diese Anforderungen erfüllt aber nun das Medium des Internets. Es ist eine Agora, ein Marktplatz, ein urbanes Forum, ein Ort des Austausches, wenngleich bislang, wie schon erwähnt, nur für einen bestimmten Teil der Menschheit.

Zugleich hat dieser Raum illusionären Charakter, ist er eine Utopie, die dann Probleme aufwirft, wenn der Leser sein eigenes Gedächtnis, seinen eigenen Ort in der Welt nicht mehr ausreichend in Betracht zieht, sobald er verstehen will, was seine Freiheit und sein Wille, sie zu verteidigen, bedeuten. Und auch das ist ein Wunder, immer noch: dass der Leser zeitgenössisch ist, wenn er seine Freiheit bedenkt, in Augenblicken...

Der nomadische Leser erschafft sich eine neue Heimat im *digital space*, eine Welt, zu der er offensichtlich mehr Zutrauen hat als zu den konventionellen Orten der Identitätserschaffung.

Es wäre wohl nicht schwer, auch empirisch zu belegen, dass heute junge Menschen in der westlichen Welt eher auf Bücher als auf den Zugang zu digitalen Räumen verzichten würden. Kaum eine Hochschule oder Schule kommt heute ohne die Integration dieses Raumes aus. Und wenn man auf die Zukunft blickt, ist nicht abzusehen, wie radikal sich hier noch Institutionen und Lebensweisen in diese Richtung entwickeln werden.

Für den einzelnen Leser bedeutet dies ein Abenteuer mit offenem Ausgang, eine Odyssee in die Zukunft, die mit Abschieden verbunden ist.

Gleichzeitig steht hinter jedem Leser die Geschichte des Lesens und seiner Orte. Die mit Lärm erfüllten Marktplätze, die stillen Kammern und Zellen des Lesens, die Kirchen, Moscheen, Synagogen, die Wohnzimmer, Bibliotheksecken, Krankenhausbetten, Strandliegen, Sandbuchten, Kaffeehausstühle und die in ständiger Bewegung befindlichen Sitze und Kabinen von Eisenbahnen, Schiffen und Flugzeugen – all diese Plätze sind Schauplätze kaum nacherzählbarer Geschichten des Lesens. An diesen Orten ist zwischen Lesern und Büchern eine Biographie entstanden, die namenlos ist, und die dennoch zum Kernbestand der Kulturgeschichte der Neuzeit gehört. Warum sie so schwer festzuhalten ist, ergibt sich aus der Tatsache, dass es eben, bei genauem Hinsehen, eine Geschichte von Augenblicken ist.

Wenn in Franz Kafkas Tagebüchern ein Nachhauseweg geschildert wird und man selbst nach einer langen anstrengenden Heimreise in einem U-Bahnabteil sitzt – wie stark können wenige Zeilen binnen Sekunden ein ganzes Gefühl der Unrast auslösen und verdeutlichen: „Weg nach Hause, klare Nacht, deutliches Bewusstsein des bloß Dumpfen in mir, das so weit von großer, ohne Hindernisse ganz sich ausbreitender Klarheit ist." Oder man fährt nach einem Restaurantbesuch im Bus zurück, erfüllt von einem Abend mit Freunden, und liest in Tania Blixens Erzählung „Babettes Fest" die folgenden Zeilen über Babettes Kochkunst: „Diese Frau verwandelt ein Diner im Café Anglais in eine Art Liebesaffäre von der edlen, romantischen Sorte, wo man nicht mehr unterscheidet, was körperliche und was geistige Begierde und Sättigung ist." Der ganze Abend erscheint plötzlich im Licht dieser Zeilen. Oder man stößt beim zufälligen Blättern in einer Bibliothek auf die Gedichtzeile Paul Celans, die wie ein Schlag gegen den Kopf wirkt, durch den man plötzlich die eigene verstreichende Lebenszeit als Sand unter den Füßen spürt: „O diese Drift" – dann ist man als Leser nicht mit einem Bildungserlebnis beschäftigt, sondern erlebt einen Augenblick, in dem das Gelesene *trifft*, in dem es Zusammenhänge erschließt, die vielleicht nur in diesem Moment gültig sind.

Diese Art des Lesens versetzt uns in den elliptischen Raum von Aby Warburgs Bibliothek: es erzeugt eine Spannung, in der die beiden Pole des Ichs und des Texts eine elektrische Wirkung erzeugen. In diesen Augenblicken ist Kultur kein Begriff, sondern eine Erfahrung. Der Ort, an dem solche Erfahrung möglich wird, ist dann der einmalige und nicht auf dieselbe Weise wiederholbare Schauplatz des *Jetzt*, an dem lesende Unruhe und lesende Stille in eins fallen. In so einer Konstellation kann ein Bild, ein Wort, eine Zeile eine ganze Enzyklopädie über ästhetische Erkenntnis ersetzen. Aber eben auch nur für diesen Augenblick. Darum wiederholen wir das Lesen an immer neuen Orten; um dem Chronologischen zu entgehen, der Logik des Sammelns und Aufhäufens von Wissens.

Möglicherweise suchen wir, ohne es zu wissen, nach den Stätten des Innehaltens, an denen Bewegung und Stille in eins fallen und der lesende Geist vollkommen zu sich selbst kommt. Vielleicht hat das auch Konsequenzen für die Schreiber, die Schriftsteller, Dichter, Wissenschaftler, die immer noch im Bewusstsein vieler Menschen als Hüter des Wortes ihrer Arbeit nachgehen. Als Bewahrer des Wissens, als Schöpfer von Texten, als Taucher in den Treibströmen kulturellen Wandels. Aber auch sie sind herausgerissen aus den alten Orten, verlieren an klarer Rollenbestimmung. Der schreibende und der er-lesene Augenblick treffen sich an Stätten außerhalb aller Voraussagen. Für diese Stätten müssen erst noch Namen gefunden werden.

Angeblich gehörte ja zu den Lieblingsworten des irischen Schriftstellers Samuel Beckett das Wort „vielleicht". Es ist das genaueste Wort des Augenblicks, in dem uns Buchstaben die Möglichkeit eines Sinns offenbaren, der im nächsten Moment wieder als lächerlich oder unglaubwürdig erscheinen kann. Auch dieser Essay tastet um das merkwürdige Wort *Vielleicht* und um die Plätze, wo es erscheint. Wo wird dieses Tasten seinen Leser antreffen, gerade jetzt, in diesem Moment?

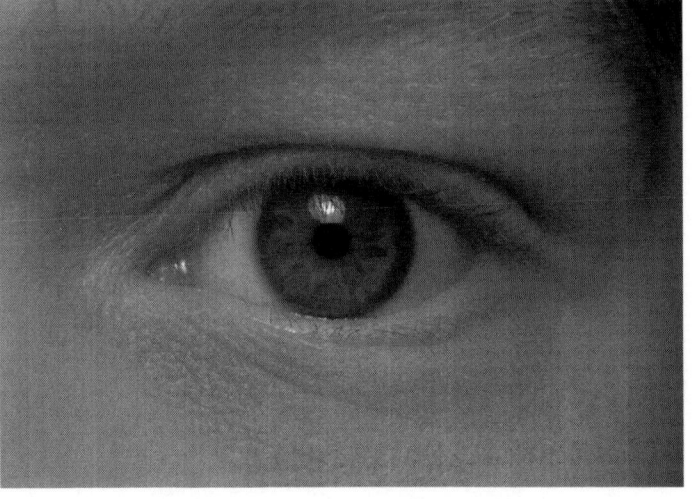

Sichtbarer Teil eines menschlichen Auges

Anmerkungen

Bewusst wurden nicht alle im Text genannten Quellen und Verweise mit Fußnoten versehen, sondern nur an jenen Stellen, die einen vertiefenden Fortgang der Lektüre im Sinne einer Empfehlung des Autors vorschlagen.

1   Burke, Peter (2005): Was ist Kulturgeschichte? Suhrkamp
2   Kundera, Milan (1989): Die Kunst des Romans. Fischer-Verlag, S. 13
3   Kundera (1989), S. 16
4   Manguel, Alberto (1998): Eine Geschichte des Lesens. Volk und Welt
5   Vgl. Wolfram, Gernot (2009): Paul Celan – Der Dichter des Anderen. Jüdische Miniaturen. Band 90. Hentrich & Hentrich Verlag, S. 62
6   Gombrich, Ernst (2006): Aby Warburg. Eine intellektuelle Biographie. Philo-Verlag, S. 38; zitiert nach: Rösch, Perdita (2010): Aby Warburg. Wilhelm Fink Verlag, S. 115
7   Gombrich (2006), S. 38; zitiert nach Rösch (2010), S. 15
8   Rösch, Perdita (2010): Aby Warburg. Wilhelm Fink Verlag, S. 117
9   Rösch (2010), S. 19
10 Rösch (2010), S. 113
11 Vgl. Stockhausen, Tilman (1992): Die Kulturwissenschaftliche Bibliothek Warburg. Architektur, Einrichtung und Organisation. Dölling & Galitz
12 Hesiod (2005): Theogonie. Übersetzt von Otto Schönberger. Reclam, S. 5
13 Hesiod (2005), S. 8
14 Hesiod (2005), S. 7
15 Hesiod (2005), S. 6f.
16 Benjamin, Walter (1997): Einbahnstraße. Suhrkamp, S. 34
17 Benjamin, Walter (1972/1989): Berliner Kindheit, Der Fischotter. GS IV.I. Suhrkamp, S. 255f.
18 Benjamin, Walter (1972/1989): Berliner Kindheit. GS IV. Suhrkamp, S. 261

19 Palmier, Jean-Michel (2009): Walter Benjamin. Lumpen-
sammler und bucklicht Männlein. Suhrkamp, S. 77

20 Börne, Ludwig (2000): Berliner Briefe. Philo-Verlag, S. 23f.

21 Benjamin, Walter (1936/1984): Deutsche Menschen. Suhrkamp,
S. 7

22 Benjamin (1984), S. 67

23 Vgl. Wolfram, Gernot (2009): Paul Celan – der Dichter des
Anderen. Hentrich & Hentrich Verlag

24 Celan, Paul (1975): Gedichte in zwei Bänden. Erster Band.
Suhrkamp, S. 19

25 Manguel (1998), S. 31

26 Zit. nach Herre, Franz (1992): Kaiser Franz Joseph von Österreich. Sein Leben, seine Zeit. Kiwi, S. 67/68

27 Klemperer, Viktor (1975): LTI. Notizbuch eines Philologen.
Reclam, S. 21

28 Lampedusa Tomasi di, Guiseppe: Der Leopard. Aus dem
Italienischen von Charlotte Birnbaum. Volk und Welt

29 vgl. Eagleton, Terry (2007/2008): Der Sinn des Lebens. Ullstein

30 Handke, Peter (1992): Noch einmal für Thukydides. Reclam,
S. 3f.

31 Kassow, Samuel D. (2010): Ringelblums Vermächtnis. Das
geheime Archiv des Warschauer Ghettos. Rowohlt, S. 18

32 Vgl. Kassow (2010)

33 Sakowska, Ruta (2001): Emanuel Ringelblum (1900–1944) und
das Untergrundarchiv des Warschauer Ghettos. In: Oneg Shab-
bat. Das Untergrundarchiv des Warschauer Ghettos. Ausstel-
lungskatalog. Zydowski Instytut Historyczny Warszawa, S. 14

34 Sakowska (2001), S. 9

35 Vgl. Wolfram, Gernot (2011): Die unruhige Figur des Lesers –
Die Arbeit des Exilverlages „El Libro Libre" in Mexiko aus kul-
turwissenschaftlicher Sicht. In: Azuélos, Daniel (2011) (Hrsg.):
Alltag im Exil. Könighausen & Neumann

36 Beradt, Charlotte (1994): Das Dritte Reich des Traums.
Suhrkamp

37 Frisch, Max (1985): Stichworte. Suhrkamp

38 Greenblatt, Stephen (2001): Königsträume. In: Schröder, Ger-
hard & Breuninger, Helga (2001) (Hrsg.): Kulturtheorien der
Gegenwart. Aufsätze und Positionen. Campus, S. 107

39 Manguel (1998), S. 65
40 Manguel (1998), S. 66
41 Bachtin, Michael (1996): Literatur und Karneval. Zur Romantheorie und Lachkultur. Fischer-Verlag, S. 34
42 Bachtin (1996), S. 123
43 Hörisch, Jochen (2004): Eine Geschichte der Medien. Vom Urknall zum Internet. Suhrkamp, S. 131 f.
44 Jabès, Edmond (1981): Es nimmt seinen Lauf. Suhrkamp, S. 55
45 Jabès (1981), S. 11
46 Vgl. Eschenbruch, Nicholas; Hänel, Dagmar; Unterkircher, Alois (Hrsg.) (2010): Medikale Räume. Zur Interdependenz von Raum, Körper und Gesundheit. Transcript
47 Wolff, Eberhard (2010): Das Sanatorium als gedachte und gelebte Gesundheitstopographie. In: Eschenbruch, Nicholas; Hänel, Dagmar; Unterkircher, Alois (Hrsg.) (2010): Medikale Räume. Zur Interdependenz von Raum, Körper und Gesundheit. Transcript, S. 29
48 Neisser, Clemens (1890): Die Bettbehandlung der Irren. In: Berliner Klinische Wochenschrift 27, S. 863
49 Zitiert in: Ankele, Monika (2010): Am Ort des Anderen. Raumaneignungen von Frauen in Psychiatrien um 1900. In: Eschenbruch, Nicholas; Hänel, Dagmar; Unterkircher, Alois (Hrsg.) (2010): Medikale Räume. Zur Interdependenz von Raum, Körper und Gesundheit. Transcript, S. 45
50 Ankele (2010), S. 48
51 Barthes, Roland (2007): Wie zusammen leben. Simulationen alltäglicher Räume im Roman. Vorlesungen am Collège de France 1976 – 77. Suhrkamp, S. 188
52 Ankele (2010), S. 50f.
53 Benjamin, Walter (1977): Illuminationen. Suhrkamp, S. 309
54 Meyer, Conrad Ferdinand (2008): Der Heilige. Reclam, S. 3f.
55 Heine, Heinrich (1994): Der Rabbi von Bacherach. Ein Fragment. Reclam, S. 3f.
56 Brezan, Jurij (2004): Krabat oder die Verwandlung der Welt. Mit einem Vorwort von Peter Handke. Suhrkamp, S. 15
57 Brezan (2004), S. 17
58 Jabès (1981), S. 53

59 Sennett, Richard (1997): Fleisch und Stein. Der Körper und die Stadt in der westlichen Zivilisation. Suhrkamp, S. 22
60 Sennett (1997), S. 422
61 Sennett (1997), S. 422f.
62 Schroer, Markus (2006): Räume, Orte, Grenzen. Auf dem Weg zu einer Soziologie des Raums. Suhrkamp, S. 252f.
63 Virilio, Paul (1998): Krieg und Kino. Logistik der Wahrnehmung. Fischer Verlag, S. 69

Dank

Ich danke für Rat, Inspiration und Unterstützung bei diesem Buch Barbara de Candido, Eva Maria Hagen, Dr. Philipp Schmädeke, Judith Lehniger, Lara Gfrerer, Prof. Dr. Bernd Balzer, Prof. (FH) Dr. Verena Teissl, Prof. (FH) Dr. Robert Kaspar; Prof. Dr. Sebastian Kaiser, Dr. Patrick Föhl, Prof. Dr. Dorothee Gelhard, Christa Eibl, Angela Scalet, Edith Müller-Reißmann, Sabine Handle, Britta Gansebohm, Uwe Wolfram, Ute Rothe, Barbara Nicol, meiner Verlegerin Dr. Nora Pester und den Lektorinnen Madeleine Rode und Lida Barner sowie besonders herzlich dem Tiroler Wissenschaftsfond, der die Publikation überhaupt erst ermöglicht hat.

Ich widme das Buch meinen Studenten und Studentinnen, die mich erst auf die Idee brachten – und meiner Tochter Angelika Maria Wolfram, die das wunderbare Gelände des Lesens erst noch betreten wird.

Aus Gründen der besseren Lesbarkeit wurde im Text auf eine geschlechterspezifische Differenzierung der Sprache verzichtet. Mit der männlichen Form sind im Sinne der Gleichbehandlung grundsätzlich auch weibliche Personen gemeint.

Abbildungsnachweis

Lesende, Kreidelithographie, Galerie Bassenge, 1925, Urheber unbekannt.

Eingang zur Jüdischen Lesehalle in Berlin, um 1905. Aus: Jüdische Lesehalle und Bibliothek (Hg.): Rückblick auf das erste Jahrzehnt der Lesehalle 1895–1905, Berlin 1905, Fotograf unbekannt.

In der RheinRuhe, http://www.aw-wiki.de/index.php/Bild:Der_Wald.jpg

Lesende Frau, auf dem Mauervorsprung einer Ruine sitzend, Dresden, nach dem 17. September 1945, Deutsche Fotothek, Fotograf: Richard Peter (1895–1977).

Lesesaal der Kulturwissenschaftlichen Bibliothek Warburg in Hamburg, ca. 1926, Hamburg, Warburg-Haus.

Innen im Walter Benjamin Memorial, Portbou, Spanien; Künstler: Dani Karavan, Fotograf: Wamito.

Artikel im Pariser „Moniteur universel" vom 5. November 1816, Paris, Urheber unbekannt.

Paulus in Athen, 19. Jahrhundert, Düsseldorfer Auktionshaus, Urheber unbekannt.

Schiff als „Schwimmende Frontbuchhandlung", 1943, Bundesarchiv, Bild 101I-114-0069-29A, Fotograf: Willy Rehor.

Leopard, Chinesischer Teppich, http://commons.wikimedia.org/wiki/File:Leopard-carpet.jpg?uselang=de.

Der Bunker in der Grójecka-Straße 81. Aus: Ornia Jaguar (Irena Grodzinska): Bunkier „Krysia", odz 1997, 33.

Grabmal Antonio del Corro, Sevilla, Spanien, Fotograf: José Luis Filpo Cabana.

Vor dem Spiegel. Aus: Onni Okkonen: Die finnische Kunst, Wilhelm Limpert-Verlag, Berlin 1943, Magnus Enckell (1870–1925), 1902.

Ferienfreizeit im Waldheim der Inneren Mission Altenkirchen, 1954, Bundesarchiv, Sammlung Hans Lachmann, Bild 194-0837-11A.

Alice im Wunderland/Alice's Adventures in Wonderland, Lewis Carroll, Illustrationen: John Tenniel, 1869.

Iljuschin Il-14, 2008, Fotograf: Norbert Kaiser.

Der Rabbi von Bacherach, Illustration von Max Liebermann für Heinrich Heine: Der Rabbi von Bacherach, 1922/1923.
What a pair, 2011, Fotograf: Almonroth.
Ein Tornado der Kategorie F5, aufgenommen aus südwestlicher Richtung in Manitoba am Freitag, den 22. Juni 2007, Fotograf: Justin Hobson (Justin1569 at en.wikipedia)
Sichtbarer Teil eines menschlichen Auges, 2009, Fotograf: Albrecht Krampitz.

Über den Autor

Gernot Wolfram

geboren 1975 in Zittau/Sachsen, lebt als Autor, Publizist und Kulturwissenschaftler in Berlin. Er studierte Neuere deutsche Literatur, Rhetorik und Kommunikationswissenschaften an der Eberhard-Karls-Universität Tübingen und der Freien Universität Berlin. Er wurde mit einer Arbeit über Paul Celan promoviert. Zahlreiche literarische Buchveröffentlichungen (u. a. Der Fremdländer 2003, DVA; Samuels Reise 2006, DVA; Das Wüstenhaus 2011, DVA) und wissenschaftliche Publikationen (u.a. Birg mich – Interkultureller Dialog bei Paul Celan und Chajim Nachman Bialik 2006, Reihe „Jüdische Studien", Peter Lang Verlag; Europäische Kulturarbeit 2012, transcript) sowie Essays und Artikel für Die Welt, Frankfurter Allgemeine Zeitung, Süddeutsche Zeitung und Jüdische Allgemeine. Zur Zeit arbeitet er als Professor für Medien- und Kulturmanagement an der MHMK Hochschule Berlin sowie als Lehrbeauftragter für Kulturwissenschaften der Fachhochschule Kufstein/Tirol. Zahlreiche Gastvorträge und Lesungen im In- und Ausland.

Bei Hentrich & Hentrich ist von ihm erschienen: *Paul Celan. Der Dichter des Anderen*, ISBN 978-3-941450-07-3, Jüdische Miniaturen Bd. 90; *Paul Mühsam. Der Widerstand der Wörter*, ISBN 978-3-938485-37-8, Jüdische Miniaturen Bd. 55.